杉山徹宗

JN227244

# 稲作民外交と遊牧民外交

## 日本外交が翻弄される理由

講談社+α新書
プラスアルファ

# まえがき

外務大臣の椅子を棒に振った田中真紀子《たなかまきこ》氏は、外務省の体質を「伏魔殿」と喝破したが、この指摘だけは正鵠《せいこく》を射ていたといえよう。北朝鮮による拉致《らち》問題は進展しないにもかかわらず、万景峰《マンギョンボン》号は依然として毎月、堂々と新潟港に入港して人と物を北朝鮮へ運んでいる。

北方領土をめぐって東郷《とうごう》大使や鈴木宗男《すずきむねお》議員が深くかかわっていたかと思うと、瀋陽《しんよう》総領事館での亡命事件では阿南惟茂《あなみこれしげ》駐中国大使が日本の国益を無視するような発言を行い、いわゆる外務省チャイナ・スクールの実態も明るみに出てきた。

戦後から今日まで続く外交案件は、残念ながら日本の国益をきちんと通した真っ当な解決は行われず、国民は切歯扼腕《せっしやくわん》の状態にある。

理由は、外交のプロであるべきキャリア外交官やノンキャリアたちが、何一つ日本の国益を達成するような解決を行ってきていないからである。それにもかかわらず、受け取る年収だけは、「大使」のほうが首相よりも高いことに、国民は呆《あき》れ果てている。

## 外務官僚の年収

(単位:万円)

| | |
|---|---|
| 最高裁判所長官 | 3,967 |
| 駐米国大使・駐英国大使 | 3,640 |
| 内閣総理大臣 | 3,594 |
| 駐ロシア大使 | 3,312 |
| 駐中国大使 | 3,180 |
| 駐ドイツ大使・駐フランス大使 | 3,036 |
| 駐イタリア大使 | 3,012 |
| 駐カナダ大使 | 2,952 |
| 駐コンゴ大使・駐ユーゴ大使 | 2,943 |
| 最高裁判事・最高検検事総長 | 2,896 |
| 駐ジンバブエ大使 | 2,739 |
| 駐韓国大使・駐イラン大使・駐ナイジェリア大使 | 2,703 |
| 各大臣 | 2,624 |
| 各副大臣 | 2,512 |
| 駐ニュージーランド大使 | 2,343 |
| 検事 | 2,318 |
| 東大総長・京大総長 | 2,145 |
| 外務事務次官・各省事務次官 | 2,100 |
| 北大・東北大・筑波大・名古屋大・阪大・九州大学長 | 2,100 |

「週刊現代」2002年10月掲載号より

だが、日本外交を遡《さかのぼ》ってみると外交の問題は外務省だけの問題ではなく、実は日本人という民族全体にかかわる問題であることも認識する必要がある。すなわち、大陸諸国が展開する外交と日本人の行う外交は、どうもチグハグなのである。

もちろん、外交官一人一人の資質の問題もある。国家の目標や国益を背負って外国人と丁々発止の外交を行うには、単なるペーパーテストだけでは外交に有能な人材は集まらない。明治維新前後から活躍した、下級武士出身の外交官たちは、誰一人国家試験のI種などパスしていないが、その創造力と臨機応変さ、有事に際しての決断力、そして国益のいかなるものかを知悉《ちしつ》して、逆に欧米列強と巧みに渡り合っていたのである。

したたかな諸外国外交官と伍していくには、外交官の採用方法を学歴偏重、ペーパーテスト偏重から、人物本位に改める時期にきていよう。

これまでも日本は大陸国家の外交官たちが、なぜ「したたか」なのかを深く追究してこなかった。相手の資質が明確につかめなければ、外交戦略も対応も無理である。つまり孫子《そんし》のいう「敵を知り、己を知れば百戦して危うからず」という言葉を、民族資質レベルで考えてこなかった。

特に戦後の日本外交は、外交とは名ばかりの恥多き対応ばかりであった。

本書は、遊牧民の末裔《まつえい》である欧米、中近東、アフリカ、ロシア、中国、韓国、北朝鮮などの「外交方法」と、日本外交の対応を外交史や民族学などから紐解《ひもと》いて、大陸民族の行っている外交の本質を徹底的に分析し、これからの日本外交や大陸諸国との関係に役立てようとするものである。

平成十六年四月

神奈川県・葉山にて　杉山徹宗《すぎやまかつみ》

◉目次

## 第四章　稲作民外交が遊牧民外交にかなわないわけ

## 第五章　稲作民外交が遊牧民外交と渡り合うには

# 第一章　世界の民族七千の資質は二つに集約できる

## 一——大陸民族は遊牧民の末裔《まつえい》

### 気候による民族資質の分類

日本外交は二十一世紀を迎えて岐路に立たされている。日本の外交であるから当然、外務省が担当しているわけであるが、戦後六十年近く経っても日本を取り巻く外交案件では、何一つ国民が満足した外交がなされていない。

日本外交を根本から見直すのならば、日本人外交官だけを見直しても駄目で、外交の相手となる他国の国民性や民族性をも知る必要がある。

というのは、外交相手の国は島国と違ってほとんどは大陸に居住する人々からなっていることに加えて、世界二百ヵ国のうち九十八パーセント以上の国家は多民族から成り立っている国家だからである。

さらに加えて、陸続きで繋《つな》がる大陸に居住しているということは、過去から現在まで商売や戦争、結婚、遊牧・放牧での国境越え、同盟政策、遠交近攻政策の外交交渉などの人的交流を数千年間にわたって行ってきた歴史があるということでもある。

日本人も外務省も明治維新から百三十六年も経つにもかかわらず、外交の基本となる民族的資質を分析してこなかった。

多民族や多部族を抱えた国と行う外交は、数千年前から大陸諸国では行われてきたが、日本の場合には明治維新に入ってからはじめて国際的外交をはじめたようなものであるから、どの民族がどのような性格をもっているのか皆目わからない。

日本人とは同じ皮膚の色、同じ目の色をしている中国人や朝鮮人だから、日本人と同じ考えや性格・資質をもっているかというと、実は全く異なる性質や資質をもっており、奈良・平安時代以来、戸惑いの連続であった。

まして、目の色、皮膚の色、言語も異なる欧米ロシア人などは、本質的に日本人とは異なっている点が多い。こうした性格・資質の異なる異民族と外交を行うことは困難であり、不可能であるかというと決してそんなことはない。実は地球上に無数にいる民族や部族の資質・性格をたったの二種類に分類した人物が日本にいたのである。

それは和辻哲郎《わつじてつろう》である。彼は大正から昭和初期にかけて活躍した哲学者にして民族学者であるが、和辻は民族的資質というものを民族や部族が居住する地域の気候によって、「乾燥気候」下に居住する民族の資質と、「湿潤気候」下に居住する民族の資質に分類した。

この気候による分類方法は、異民族との交流のなかった日本人にとって、極めてわかりやすくまた面白い。

そこで、彼の主張を外交史、戦史、民俗学、生物学、経済史などから検証してみると、多くの事例を通して、日本人と大陸民族の資質の違いがハッキリと区別できることが証明されてくる。

## 大陸民族は遊牧民にして商人気質

まず、「乾燥気候」は主に大陸を覆う気候で、細かく分類すれば五つほどになる。二十二ページの図のように、それらは砂漠気候、サバンナ気候、ステップ気候、タイガ気候、ツンドラ気候などである。

乾燥気候帯はユーラシア大陸、アフリカ大陸、南北米大陸、オーストラリア大陸など、赤道地帯から北極地帯に至るまでほぼ大陸のすべてに横たわっていることになる。

しかもこれらの気候帯に居住する人口は全地球人口六十三億人（二〇〇三年時点）のうち八割以上を占めている計算になる。

そしてこれらの大陸では人類が石器時代を脱して、一万年ほど前から氏族制社会となると、押しなべて採集生活から羊・牛・豚・鶏などの動物を家畜化する社会を構成した。そして八千年前くらいからナイル川地域やメソポタミア地方で麦などの栽培もはじめたが、インダス川や黄河では四千年ほど前から、麦などの栽培がはじまる。

ペルシア、ローマ、秦《しん》などの大帝国が出現するのは今から二千五百年ほど前である。それ以外の大陸地域は、依然として遊牧や放牧あるいは牧畜などが主流となっていた。つまり大陸民族は数千年間にわたって動物を管理・支配してきたということであり、この生活上の伝統・習慣が大陸系民族の基本的性格を作り上げたと考えられる。

興味深いのは、今から四千年以上も前にはじまるギリシャ人による地中海沿岸への都市国家建設は、貿易による利益の確保を目指したものであり、三千五百年前に黄河上流に定着した漢民族が次第に下流地方へと勢力を伸ばすのも、商圏の拡大にあったし、北東アジアの「匈奴《きょうど》」が漢民族と争ったのも西域における商圏が原因であった。

さらに十五世紀にはじまる欧州諸国による大航海時代の動機も、商圏の拡大にあったのである。

## 大陸民族の八割は遊牧民出身

ともあれ、乾燥気候である大陸に生まれ育った民族や部族は、もともとは遊牧民から出発していることは間違いない。アフリカ人もヨーロッパ人もロシア人も、中近東のアラブ人、トルコ人、ペルシア人も、そして蒙古人、漢民族、チベット人そして朝鮮人も皆、遊牧民と

## 遊牧民族国家と稲作民族国家

## 世界の気候帯

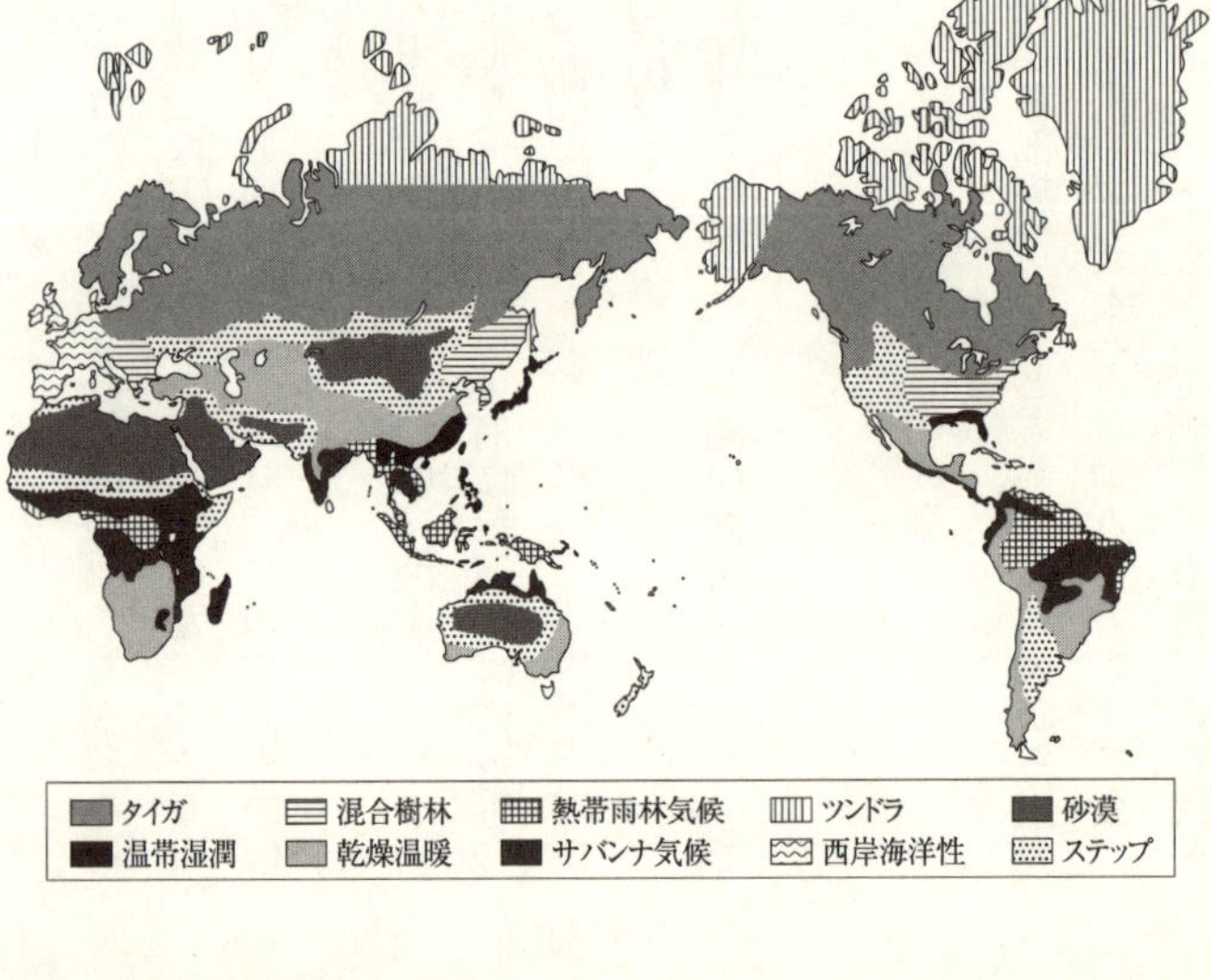

して放浪していた集団が、小麦や大麦、燕麦《えんばく》、カラス麦、大豆などの農産物の栽培方法を知って定着していった。

そして定着するまでの数千年間というものは、農業とともに遊牧や放牧に従事していたのも事実である。もちろん、近世になってヨーロッパから北米大陸、中米地域や南米大陸へ移住をしていった人々も、オーストラリアやニュージーランドへ移住した人々も、本質的にはみな遊牧民としての資質を保持していることになる。

つまり地球上に居住する人口は二〇〇三年段階で六十三億人といわれるが、このうち乾燥した六大陸に居住する人口は八割にあたる五十億人に達している。

それに対して東南アジアのインドシナ半島と島嶼《とうしょ》地域、フィリピン、台湾、日本列島そしてインドのベンガル地方など、いわゆるモンスーン地帯と呼ばれる、湿気が多くコメを主食とする地域の人々は、十三億人ほどと分類できよう。

日本列島には、十万年ほど前から南太平洋地域から多くの人々が流入してきて「縄文人」を形成し、その後、数千年前に大陸から遊牧民であった「弥生人」が渡来して、縄文人を征服したり駆逐したりして、現在の日本人を作り上げている。

戦後、民族学者の江上波夫《えがみなみお》氏の学説に「騎馬民族日本征服説」がある。朝鮮半島の百済《くだら》から大量の人が渡来したことを考えれば、全くのデタラメではない。なぜなら百済人や新羅《しらぎ》人なども立派な騎馬民族だからである。

ただし、弥生人が日本に定着した段階で、それまでの縄文人同様、日本の湿潤気候のためと稲作に従事してコメを食し、さらに地震・津波・台風などの大自然災害を経験することによって、遊牧民的資質を失い「稲作民的資質」をもつようになっていったと考えられる。

では、現在、世界一のコメ生産国である中国人は、稲作民かというと決してそうではない。なぜなら、漢民族がコメを食べるようになるのは、三国時代が終わり北方や西方から拓《たく》跋《ばつ》族やチベット族などが大挙して華北地方に侵入し、五代十国時代を作って漢民族を南方に押しやる、いわゆる南北朝時代になってからである。

それまでの漢民族は、コメは野蛮《やばん》人が食べるものとして決して食せず、むしろ卑《いや》しんできた歴史がある。

つまり南朝時代までは、中国の淮河《わいが》以南にはベトナム系やタイ系民族が多数居住し、コメを食べていたが、彼らを駆逐して漢民族が定着し稲作をはじめている。現在でも中国南部ではコメを作るが、北方では小麦や大麦など畑の作物が主流である。

したがって、中国人はコメを作りはするが、その基本的資質は遊牧民である。もちろん、韓国人も北朝鮮人も遊牧民の末裔である。

### 遊牧民の資質とは

さて、和辻は遊牧民の資質を、

「物事に対して冷静かつ論理的であり、目的に向かっては野獣的残酷さをもって突き進む傾向がある。情報の収集も多次元的であり、また冒険心や野心も豊富にもっている。このことは覇権《はけん》を求める傾向が強く、他民族を支配することに巧みであり、他民族の土地を多く含めた巨大帝国の建設が得意である」

という。

また「世界各地に進出する商人の成功もこの性格に因《よ》っており、人間を支配したり管理する術に長《た》けていて、奴隷《どれい》や農奴といった職種を生み出すことにも慣れている」という。

確かに世界の歴史を振り返ると、過去数千年間にもわたって、強大な帝国は多くの弱小国を併呑《へいどん》するか属国としてきた。自由・平等・民主の思想が広まった十九世紀に入ってからでさえも、近代化を達成した欧米列強諸国は、近代化の遅れた地域と人民を容赦《ようしゃ》なく支配したのが、一八七〇年からはじまる帝国主義の時代である。

そしてこうした強大な遊牧民国家の犠牲になったのが、欧州における小民族国家であり、近代化の遅れたアジア・アフリカ・中南米における文明度の低いといわれた遊牧・稲作民たちであった。

一方、東アジアにおいては遊牧民的資質をもつ中華帝国が、朝貢《ちょうこう》という騙《だま》しのテクニックによって冊封《さくほう》体制を築き上げ、数千年間にわたって無数の弱小異民族を支配し、虐げてきた。東アジアの稲作民地帯は、数千年間の遊牧民である漢民族の支配の後は、十六世紀からは欧州遊牧民国家による近代兵器の脅《おど》しの前に屈した歴史をもっている。

つまり大陸に居住してきた遊牧民の普遍的ともいえる論理は「弱肉強食」である。勝者は敗者をいかようにも処分する権利があり、敗者は奴隷の地位に甘んじることを受け入れる。それゆえ遊牧民社会においては、「力」こそ正義であり弱さは「悪」でさえある。

## 遊牧民は人間の支配と管理が巧み

次に遊牧民行動として代表的な資質は、「人間支配」である。

「人間支配」について見ると、誰でもまず「奴隷」が最初に頭に浮かぶであろう。奴隷とは、原則として法的に人格を認められない人間が、身分あるいは階級として社会生活を行う場合で、古代から近代まで存在していた。

奴隷は古代においてはエジプト王朝をはじめ、いずれの王朝においても存在したものであるが、特にギリシャの都市国家・スパルタの場合が有名である。もともとは、スパルタが成立した当時の被征服先住民が奴隷とされたが、後にはスパルタに征服されたメッセニア地方などの住民も、奴隷にされた。奴隷は国家に所属し、指定された土地で働き、生産物のうち一定量を貢納、従軍して戦功を立てれば解放される場合もあった。人数的にはスパルタ市民よりもはるかに多く、しばしば反乱を起こしてスパルタを危機に追い込んだこともある。

こうした奴隷制度は、古代エジプトやメソポタミアでも存在が確認されており、ハムラビ法典にも明確に奴隷の身分が区別されている。ローマ時代になると、奴隷制による大土地所有制度が発展した。

その後、家内奴隷、農耕奴隷、軍隊での賦役《ふえき》奴隷など、さまざまな奴隷が多くの帝国で存在した。

大航海時代が十五世紀にはじまると、アフリカからヨーロッパへ多くの黒人が奴隷として売買され、中近東のトルコ帝国やアラブ諸地域においても、黒人奴隷市場が開設されてアフリカ人が売買されてきた。

さらに十八世紀になると、英国から独立した米国が南部プランテーションの労働力として、黒人奴隷に注目し、アフリカから大量に黒人を連れてきて綿花栽培などに従事させたことはよく知られている通りであるし、中国においても清《しん》朝が倒れるまで、野外で農耕に従事する野外奴隷と、家の中で使用される家内奴隷が存在していた。

## 二——受容・忍従型の稲作民

### 稲作民はおとなしく無抵抗

一方、和辻は稲作民の資質を次のように説明している。すなわち、「稲作民は物事を論理的よりも情緒的に捉《とら》え、情報の収集も二次元的である」という。これは主食であるコメを作る場合に必要なことは「雨か晴れか」の天気さえ知れば充分であることからくる性質であり、それ以外の情報はあまり必要ではない。また天候に左右されることから、自然現象に対して諦《あきら》めの気分も強く、このことが社会現象に対しても、「受容と忍従」する資質となって現れると和辻は主張する。

確かに、東南アジア稲作民の歴史をみると、漢民族が広大な中国を統一する「秦」の時代から最後の王朝である「清」の時代まで、歴代中華帝国の冊封体制の中に組み込まれてきた歴史をもっている。

この冊封体制は、ヨーロッパ植民地時代の宗主国と属国との関係に似ており、中華帝国から冊封を受けた国は、自治は許されるが外交権と軍事権の半分を取り上げられ、国王の交代や年号の改元などの際には中華帝国皇帝の許可を得なければならなかった。

一年に一回は必ず、中華帝国の首都へ参勤の義務があり、場合によっては人質を出すことも求められ、国内での騒乱に対しても中華帝国から援軍を派遣される代わり、外国との外交交渉も中華帝国の意向を無視してはできないシステムになっていた。

それでも文句をいわずに、おとなしく従ってきたのがベトナム、ラオス、タイ、ビルマ（ミャンマー）、ネパール、ブータンなどであり、遊牧民でも弱小国の朝鮮半島の国々であった。

こうした数千年間にわたる習慣は、東南アジア諸国や韓国・北朝鮮など、独立を達成した今日でも、中国に対しては事大主義（大に仕える）が強いといわれ、面と向かって単独で中国に強硬な主張ができない。

たとえば、筆者が直接韓国大使館のある武官から聞いた話では、北京《ペキン》駐在の韓国外交官は地方へ出張する際に必ず中国政府の許可を得てから出かけるが、ソウル駐在の中国外交官は、韓国政府の許可なく勝手に地方を旅行してしまう。そして韓国政府はそれを知りながら抗議一つできないとぼやいていたことがある。国際法では、外交官は相互主義によって外地での身分は保証されるが、同時に規制も受けることになっている。なぜなら外交官は〝名誉あるスパイ〟であるから、むやみやたらに国内旅行を許すことは危険だからである。

## 台風型の日本民族

さて、それでは我々大和民族の資質はいかなるものであろうか。まず日本の地理的位置は温暖気候に属するが、同時にモンスーン気候帯でもあるために、冬期を除いては雨が多く湿気が多い。このため、稲作には非常に適した気候にもなっており、紀元前の縄文時代からコメの生産が行われていた。またモンスーン地帯の中では、毎年秋になると定期的に激しい台風に見舞われる運命にあった。

しかも、世界の地震エネルギーの十五パーセントが日本列島に集中しているために、しばしば巨大地震に見舞われたり、津波や火山噴火に見舞われて大惨事をもたらすなど、大自然の災害を被る点では、世界の中ではもっとも被害を受けている民族でもある。

これらの自然災害は、自然信仰の日本人をして、大自然に刃向かうことの無駄と虚しさを悟らせ、大自然に対立するよりも、その中に溶け込むことを生活の知恵としていった。

こうした習慣・伝統から和辻は、日本人の資質を以下のように規定している。すなわち、「日本人は他のモンスーン民族と同様、物事に対して受容と忍従をするが、一定限度（二十年から三十年）を超えると大爆発を起こす性質がある。そしてこの民族が爆発をした時のエネルギーは、まさに台風と同じで、いかなる異民族も日本人の爆発を止めることはできないほどすさまじいものとなる。

しかしながら、この爆発エネルギーは台風同様長くは続かず、一定の期間を過ぎると、あたかも桜の花びらがハラハラと散るように、一転して静かになってしまう」という。それゆえ、和辻はこの日本人の資質を「剣禅一如の精神」であると説いた。

この和辻の主張を日本の歴史から検証してみよう。平安時代には大規模な外敵侵攻はなかったが、鎌倉時代後期になると巨大な外敵モンゴルが日本を来襲するが、このことは、時の政権のみならず、一般人民にまで危機感が及ぶようになる。

元寇《げんこう》、豊臣秀吉《とよとみひでよし》の大陸侵攻、明治維新、日清・日露の両戦役、日米決戦となった第二次世界大戦などは、国家の存亡という意識が国民全体にまで行きわたっていた。

そして秀吉の大陸侵攻を除けば、国家的危機の数年前から数十年前にかけて、日本人は外国からの圧迫による受容と忍従を強いられてきていたことも事実である。この国家的危機に際して、日本人は時の政権も国民すべても限度を超えた時には、まさに台風のような大暴れをして危機を乗り越えようとしたのである。

以上の歴史からわかるように、ほとんどの稲作民は第二次世界大戦が終わるまで遊牧民の支配を受けてきたから、外交らしきものを経験していない。しかし日本人だけは有史以来、独立を保って稲作民の資質を磨いてきたから、日本人は稲作民の代表と考えてよかろう。そこで、本論の遊牧民と稲作民との比較では、主に日本人を稲作民の代表として、また遊牧民の代表を米国人や中国人として比較検討していくことにする。

## 三――両民族の論理比較

### 日本は安全保障情報を米国に依存

さて、そこで次に遊牧民と稲作民の論理や行動を比較して、その違いを探ってみることにするが、まず論理と行動の中でも顕著《けんちょ》な違いを二つずつ取り上げて説明していくことにする。

民族の論理的思考には、情報、法律、謀略、宗教、哲学などが含まれるが、ここでは、「情報」と「法律」を取り上げてみたい。

**①「情報」**……情報を収集する必要性は遊牧民と稲作民では決定的に異なる。遊牧民の場合には動物の餌《えさ》となる牧草の場所、移動ルート、飲料水となる川・湖の所在地、また山火事、河川の渇水状態、危険な害獣や泥棒からの回避、紛争地の回避など、多くの危険・危機をあ

稲作民族と遊牧民族の論理と行動

| 日本人(稲作民族) | カテゴリー | アメリカ人(遊牧民族) |
|---|---|---|
| 背丈は小さく痩せ型 | 身体的特徴 | 背丈は高くがっしり型 |
| 米、味噌、漬物、魚、海藻 | 食糧 | 肉、麦、ポテト、牛乳、トウモロコシ |
| 二次元的、受信型 | 情報 | 多次元的、発信型 |
| 多神教、人間は自然の分身 | 宗教、法律 | 一神教、人間と自然と対立 |
| 天皇制、関白、将軍 | 統治体制、権力 | 法王、皇帝、国王、独裁志向、朝貢 |
| 自己抑制、和の優先、譲歩 | 個性 | 自己主張、独創性尊重 |
| 手の技術、日本舞踊、ゆっくり | 動き | 足の技術、ダンス、激しい |
| 消極的、科学技術開発 | 未知への挑戦 | 積極的、冒険、野心、海外発展、科学技術開発 |
| 実働利益 | 利潤 | 利息、商い利益、商圏拡大 |
| 控えめ、謙遜、示談 | 権利 | 積極的主張、裁判、議会 |
| 不得意 | 人間支配 | 巧み、奴隷、農奴、帝国建設、海外植民地 |
| 職業的差別、肩書尊重 | 差別 | 人種的差別、階級的差別 |
| 官尊民卑、天下り | 役人、お上意識 | 官民平等 |
| 情緒的、腹芸、沈黙、戦術的 | 思考法、感情、哲学 | 論理的、修辞学的、詭弁的、戦略的 |
| あきらめ、妥協 | 危機と対応 | 挑戦、危機管理 |
| 不得意 | おとり、罠、謀略 | 得意(動物を扱うことからの慣れ) |
| 個人戦法、精神力、日本刀 | 戦い | 集団戦法、火力、機械力 |

らかじめ予想し、これらをできるだけ低減する計画を立てる必要がある。それゆえ、自然現象はもとより人為的・社会的情報を含む周辺地域の情報こそが、一族集団の死命を制するといってよい。

これに対して、稲作民の場合にはコメの生長に必要な水の確保と、天気が晴れであればよく、どちらかといえば自然現象に任せるしかない。稲の生育に必要な水は、灌漑《かんがい》用水や溜め池などを使えば、渇水季節でも乗りきれるから、川や湖の近くに水田を作ればよい。

台風の襲来や霜などは、季節的なものであらかじめ予測が可能であるから、リスクはむしろ病虫害や雑草を定期的にチェックすることによって避けることができる。つまり、稲作には情報はあまり必要ではない。

遊牧民にしても稲作民にしても、これらの生活習慣が身についているから、二十一世紀の現代になっても国家、地域社会、個人に至るまで、こうした論理的思考が政策や計画として顕《あらわ》れる。

たとえば稲作民の日本は、安全保障や危険に関する情報では、ほとんど米国からの情報に頼っている。ペルーでの人質事件、北朝鮮のノドン・テポドン発射や、核兵器開発情報、不審船情報、イラクで働く日本人外交官殺害情報など、多くの重要情報は米国からである。

もちろん、米国の場合には情報収集衛星を多数打ち上げたり、危険な国の周辺には常に偵察機やスパイを放って情報入手に努めているから詳細な情報を把握できるわけであるが、日本は過去において情報に関する多くの失敗をしているにもかかわらず、自ら情報収集の努力をしようとしない。

国家の安全にかかわることであるから、情報収集衛星などは三十年以上も前に独力で人工衛星を打ち上げた時点で、計画・実施していなければならなかったが、政治家も政策立案者である省庁の官僚も、放置したままであった。まして米国のようにＣＩＡやＦＢＩのようなスパイ機関を立ち上げることなど、全く考えようとしていない。

また北朝鮮を監視するための情報収集衛星が、わずか四基だけでは思うような機能を発揮しないことは最初からわかっているにもかかわらず、予算がないとして四基とし、打ち上げも失敗したために現在は二基だけであるから、絶対的に不足している。

なぜ、四基しか打ち上げないかといえば、「予算がない」のほかに、米国から情報をもらえば充分という「他力本願」の思考である。国家の安全保障を他国に全面依存してしまう論理は、遊牧民国家では決してありえない。

### 日本の通信情報はすべて傍受

米国の場合には一九九八年に欧州議会で問題になった通信傍受「エシュロン」を、戦前から配備していた。これは第二次世界大戦で枢軸側の通信を傍受するために設けられた機関のコードネームであるが、戦後の冷戦がはじまると、今度は共産圏諸国からの通信を傍受する機関として、米国だけでなく英国、カナダ、オーストラリア、ニュージーランドなど、いわゆるアングロ・サクソン国家といわれる五ヵ国で「UKUSA（ユクーサ）協定」を締結し、世界中に通信傍受のネットワークを張り巡らせて情報収集にあたっている。

ところが、冷戦が終了したあとも、ユクーサ協定は機能しており、旧ソ連圏のみならず、同盟国であるNATO諸国や、日本・韓国などからのあらゆる通信を傍受しているとして、フランスが問題化した。この通信傍受は、電話、電報のみならず、ファックスやインターネット、携帯電話にも及び、政府から在外公館への訓令などの傍受だけでなく、巨大民間企業の海外支店に対する指令などもすべて傍受の対象としていると批難したものである。
日本の沖縄には、米軍基地内に「象のオリ」といわれる巨大な通信施設があるが、これなどは立派な傍受施設である。米英はエシュロンの存在を否定しているが、フランスはこれに対抗する形で「フレンシュロン」という通信傍受機関を立ち上げ、ドイツなどに参加を呼びかけている。

**②「法律」**……法律を作成する意義は、支配者側の権利擁護と、規制を加えることによって違反者の出現を予防すると同時に、違反者に対しては処罰することを謳《うた》うことで、支配者側の安泰を図る手段として発達してきた。だが根本には人間不信、人間性悪説がある。
したがって遊牧民は法律を作成することが得意である。たとえば世界最古の法律は、紀元前二三五〇年のシュメール民族のラガシュの王・ウルカギナの「都市法」に関する立法記録であるが、もっとも重要なものはバビロニアを征服したウル第三王朝の国王・シュルギの時に編纂《へんさん》された、現存する二十六条からなる法典といわれている。

**復讐《ふくしゅう》精神を法律に盛り込む遊牧民**

しかしながら法律としてもっとも整ったものは、紀元前一七〇〇年頃に完成したバビロニア王国のハムラビ王が制定した成文法である「ハムラビ法典」である。この法典は一九〇一年にフランスの探検隊がペルシア帝国の首都であるスーサで発掘した円塔に書かれていた。

この円塔は高さ二・二五メートル、周囲二メートルの大きさで、楔形文字で刻まれ、二百八十二条からなっているが、民法、刑法、商法、訴訟法および私法にわたっており、表現は具体的、判例的である。とりわけ刑法は「目には目を、歯には歯を」の復讐法である。

また、ギリシャのアテネでは、紀元前六二一年にアテネの立法者ドラコンが制定しているが、これはそれまでの慣習法を成文化したものである。この法律は特に刑罰に関する規定としては極めて苛酷で、後世、血をもって書かれたといわれたほどである。

さらに紀元前四五一年にローマ帝国では、貴族と平民との対立が激化すると、私人の権利と私有権について、十人の立法官を選んで法律表を書き上げたが、平民たちは不平不満を述べたので、再び十人の立法官を選び二表を追加して完成させている。

このローマ法は、その後ローマの領域が拡大するにつれて「市民法」から「万民法」へと発展したが、東ローマ皇帝のユスチニアヌス帝の時に「ローマ法大全」として集大成されている。そして、このローマ法を、近代国際社会を築く西欧列強諸国が手本として、近代法に発展させていった。特に優れていたのは、長い伝統に基づく刑法の規定である。ヨーロッパの法律もイスラム法である「シャリーア」も、その基本精神となっているのは「目には目を」の応報である。

## 法律で帝国を建設した始皇帝

一方、東アジアでは紀元前二二〇年頃の戦国時代になると、中国各地に諸子百家といわれる思想家が現出してきたが、中でも儒教の徳治主義に対し、君主の意思である法律によって人民を統治する必要があると説いた人たちが、戦国の七雄の一人で軍事的才能がある「秦」の国王・政の心を捉えた。

すなわち、商鞅《しょうおう》、韓非子《かんぴし》、李斯《りし》、申不害《しんふがい》などの思想家であるが、特に衛鞅（商鞅）は「秦」の孝公に仕えて法の制定に尽力した。法典としては残っていないが、孝公に仕えると富国強兵を目指して大改革を断行した。彼らは、血族集団あるいは大家族の分解、土地制度の改革、隣組制度による治安維持の強化、郡県制の施行、軍功による授爵制度などを次々と制定していった。

これらの改革によって「秦」は富強となり、その功績によって衛鞅は「商（陝西《せんせい》省）」に封じられ、商鞅と呼ばれたが、孝公が死ぬと貴族に捕らえられ車裂きの刑に処せられた。韓非子は始皇帝に仕えたが、その能力を秦の宰相である李斯に妬《ねた》まれて毒殺された。李斯は始皇帝の代になっても宰相となり、合計三十八年間仕えたが、始皇帝が死ぬと二世皇帝である胡亥に殺害された。

翻って、わが国の法律を見ると、聖徳太子《しょうとくたいし》が六〇三年に冠位十二階を制定し、翌六〇四年に憲法十七条を制定したのがはじまりで、七〇一年に大宝律令を制定したのも、帰化人からの助けを借りているが、これも唐の官制や律令、均田制などからの拝借で、いわば遊牧民が作った法律を輸入して使っている。

日本人が自ら法律を作ったのは院政時代の一一三二年、院司と朝臣との争いが起こったため、院の北面において新制十四条を議定したのがはじめてである。それも一般庶民を対象としたものではなかった。

## 完璧な米国の移民法と国籍法

一七七六年に米国が独立宣言を行い、自由・平等・民主・人権の理想を説くと、欧州各地から大量の移民が新天地を求めて北米に移住をしてきた。さらに一八四八年、カリフォルニアに金鉱が発見されると欧州移民の動きは活発になり、加えて南北戦争の最中（一八六二年）にリンカーン大統領が「自営農地法」を発表すると、移民は大波となって米国へ押し寄せてきた。

これは五年間百六十エーカー（一エーカーは千二百坪）を開拓すれば、無償で開拓者に与えるという法律で、このために欧州からは十年間に二百万人以上がどっと米国へ押し寄せてきた。

しかし初期の頃の移民はすでに豊かな財を築いていたが、あとから次々と押し寄せる移民は、無一文で着の身着のままの者が多く、中には本国で犯罪者となって逃亡するために米国へ移民する者も後を絶たなかった。

ここにおいて、米国は移民と国籍に関する法律を制定する動きを見せ（一七九八年）、いわゆる不法入国者に対する罰則と、米国籍を取得するための法的条件を体系化するため、各州ごとに移民法を制定するなどの動きが出はじめた。

米国において一応の体系化が完成したのは一九一八年であるが、その後、何度も修正が加えられ、一九五二年に完全な形で移民法と国籍法が完成した。法律によって国家、国民を守ろうとしたのである。

日本の場合は、移民を受け入れていないから、移民法は存在せず、出入国は入国管理局が扱い、国籍は法務省が扱っているが、米国の場合は移民法も国籍法も一つの法律として制定されている。

すなわち、「U.S. IMMIGRATION & NATIONALITY ACT（米国における出入国及び国籍法）」である。この「移民及び国籍法」は、四百十四条にわたって、あらゆる移民や国籍に関する規定や罰則などを規定している。ちなみに日本の国籍法は、全部で十九条あるだけである。

たとえば、入国手続き、入国禁止ならびに国外追放、入国不適格事由、強制退去事由、外国人登録、合衆国市民権に関する規則、合衆国市民の権利と義務、出生による合衆国市民権獲得、合衆国の属領での出生あるいは居住による合衆国市民権取得、帰化による国籍、国籍の喪失、難民援助など、微にいり細にわたって規定されている。

日本では出入国の際にスパイとして入国しても事件さえ起こさなければ、警察は一切タッチしないから、外国人のスパイや秘密工作員あるいはテロリストにとっては天国である。ところが米国の移民局の場合には、ＦＢＩや警察が密接に連携しており、犯罪が発生しなくても不法滞在やスパイ容疑などを厳しく摘発する権限をもって対処している。

日本も早急に国籍法・移民法を制定し、警察権力と連関させて不法侵入者を防がないと、拉致《らち》問題やスパイ問題はいつまでも続くことになる。

## 四——両民族の行動比較

### 稲作民は動きが穏やか

次に民族のとる「行動」について代表的なものを挙げれば、それは「手足の動き」と「戦いぶり」であろう。人間の「動き」をもっともよく表すのは手足の動きである。そこでまず、手足の動きを稲作民と遊牧民で比較してみよう。

#### ①手足の動き

稲作民である日本人の動きは手の使い方にしても足の使い方にしても、比較的穏やかであり緩慢でもある。たとえば、先祖供養のために行われる盆踊りや収穫を祝って行われる祭りを見ると、日本の踊りは個人個人がもっぱら手を柔らかく折ったり曲げたり回したりしながら、笛・太鼓・鉦《かね》をならし囃子《はやし》に合わせて舞台の周りをゆっくりと輪になって進む。盆踊りの際の足の動きはさらにゆっくりとしている。

同様に日本舞踊も、笛や琴《こと》・三味線《しゃみせん》などの音に合わせてゆっくりと踊っていくが、足は畳や舞台を摺《す》るように進んだり退いたりするのが特徴である。沖縄の民謡を踊る際の動きも、手だけをしなやかに振るだけで、足のほうはあまり目立つ動きをしない。

太平洋諸島に無数に散らばる小島にはポリネシア人やミクロネシア人、メラネシア人などが居住するが、彼らの行動を見ると足を使うよりも手を使うことを得意とするし、踊りなども日本や沖縄と同様に手をしなやかに動かすことが多い。足を使って長距離を走れるような平坦な場所がないことも一因かもしれない。

## 遊牧民は動きが激しい

これに対して、遊牧民の動きは手にしても足にしても、そして時には顔や腰の動きもリズミカルで速く、そのうえ激しい踊りが目立つ。素朴なフォークダンスにしても、バレエや社交ダンスにしても手足は稲作民の動きよりもかなり速い。タンゴやワルツはもとよりフラメンコは強烈な手足の動きを見せるが、タップダンスに至っては足だけを激しく動かすし、ベリーダンスはもっぱら腰を動かして踊る。

またアフリカの多くの部族は、祭りとなると足だけを盛んに上下させたり、飛んだり跳ねたりという表現が多い。中国の京劇や韓国の踊りも、足を盛んに使って舞台を駆け回るような仕草が多い。足を盛んに使うスポーツとしてサッカーは世界中で盛んであるが、やはり遊牧民のほうが足の使い方に一日《いちじつ》の長がある。バスケットやラグビーそしてアメフトやテニスなどは、手と足の両方を使うスポーツとして世界中に広まっている。

余談ながら、ヨーロッパ人や中近東人、ロシア人、中国人そして朝鮮人などは、挨拶《あいさつ》として握手をしたり、お互いの体を抱擁《ほうよう》する習慣があるが、これは動物同士が親愛の情を表す際の仕草と同じである。

また、新教・旧教・ギリシャ正教を問わずキリスト教徒の場合には、家族同士でも接吻（キス）の習慣があるが、これなども動物の親子などが親子や親愛の情を確認するための習慣的なものを、人間が模倣《もほう》したものと考えられる。

日本人や東南アジア人の場合は、頭を下げたり両手を胸の前で合わせて挨拶とするが、仏教の影響が強いとはいえ、遊牧民的風習は根づかなかった。

**②戦いぶり**

次に人間の行動の中で、人間のもつ最大の力とエネルギーを発揮するのは、重労働と戦いであるが、重労働の場合には疲労すれば休むことができるが、戦いの場合は疲れたからといって休むわけにはいかない。休めば死に繋がるだけである。

それゆえ、人間の行動の中でも、生死にかかわる場合にとる行動、つまり「戦いぶり」をみれば民族的資質がわかるのである。

## 勝つためには手段を選ばず

そこで古《いにしえ》の昔から、人間は戦争に勝つために一人よりは複数、複数よりは大集団で固まって戦うようになった。

しかし、その場合でも遊牧民と稲作民とでは、その戦い方や考え方に大きな違いが出てきた。遊牧民の典型的事例はモンゴル軍団、漢民族軍、ロシア軍、そして米軍の戦いなどに見ることができる。以下に簡単にポイントだけを見てみよう。

いわゆる元寇の役は二回にわたって行われたが、モンゴル軍の戦法は集団で軍馬に乗り、短弓で大量の矢を発射（物量作戦）して敵を傷つけると、一人の敵を四〜五人で取り囲み討ち取るやり方であった。だが、世界最強軍団であったモンゴル軍が日本遠征では大敗を喫したのは、渡海するために軍馬を積めず、したがってスピードを生かした集団戦法を使えなかったことが敗因に繋がった。

歴代中華帝国では政府軍は反乱軍などと戦うために、常に数十万から百万ほどの軍勢を集めて物量作戦で決戦を行うのを常套《じょうとう》手段としているし、ロシア軍と日本軍が満州原野で大会戦を行った時も、ロシア軍は兵力・火力ともに日本軍を圧倒する物量で臨んでいた。また、大東亜戦争における米軍の対日侵攻作戦においても、その物量は兵力・火力ともに日本軍の数倍で押し寄せている。つまり、遊牧民の戦い方は、必ず敵よりも多くの兵力と火力をもって集団の力で臨むのが、勝つための原則となっている。

そして勝つという目的を達成すればよいのであるから、そのためにとる手段は謀略でもよいし、敵の補給を断つことでもよいし、住民の戦意を挫《くじ》くため、武器をもたない敵の住民殺《さつ》戮《りく》や商船攻撃でも構わない。日本人のサムライ精神からいえば、極めて卑怯《ひきょう》な手段であるが、目的達成のためには許される行為なのである。むしろ、敵に弱点を突かれないための方法を常に用意して、戦いに臨んでいる。

## 技、戦法、精神力

これに対して稲作民の日本人の場合は、独特の「武士道」を発達させたために、遊牧民の勝つためには手段を選ばずという方法は許されない。では少数の兵力や火力で相手に勝利するには何が大切かといえば、一人で多くの敵を倒す必要から切れ味鋭い刀と、剣法（技）と戦法そして精神力が必要となる。

さらに、個人戦法であるから、集団戦法に必要な陣形（フォーメーション）の工夫はあまり必要ではなく、ゲリラ的な奇襲戦法が基本であった。このことは源《みなもとの》義経《よしつね》や楠木正成《くすのきまさしげ》あるいは武田《たけだ》信玄《しんげん》、上杉謙信《うえすぎけんしん》、織田《おだ》信長《のぶなが》、真田《さなだ》昌幸《まさゆき》などの戦法を見れば明らかで、日清・日露の戦いから米軍との戦いまで、ほとんど基本は崩すことなく守られてきた。

このため、科学技術の急速に発達した二十世紀に入ってからの戦争、特に米軍との戦争では多大の犠牲が軍隊のみならず、民間人にも及んだ。

## 五――「挑戦」と「冒険」の遺伝子

### 三十パーセントと一パーセント

米国ハーバード大学のメディカルセンターに、遺伝子研究で有名な学者でポール・R・エプシュタインという教授がいるが、彼は多くの実験を通して、ヒトのもつ二十三対の染色体のうち、大きいほうから十一番目の染色体に、冒険好きや野心好きの性質が一つの遺伝子（新奇探索性遺伝子）の変異で起こることを発見した。

この遺伝子のDNAの塩基配列（遺伝情報）を調べてみると、なかに四十八個の同じ配列が繰り返されている部分があり、繰り返しの回数が人によって二～八回と異なっているが、この繰り返し回数が多い人ほど物事に挑戦的で冒険好きな資質があるという結果が得られた。

この遺伝子は、神経細胞の表面でドーパミンと呼ばれる神経伝達物質の刺激を受け取るタンパク質（D４受容体という）を作っている。実験によれば、この繰り返しが多いほど、作られた受容体がドーパミンの刺激を受けにくくなって、神経の興奮が抑制されにくくなることがわかっている。

その結果、繰り返しの多い人は、常に興奮状態にあって何かを求めて動きまわるということになる。このいつも興奮状態にある人は、通常の人があまり行わない行動を当然のように行うが、たとえば、六十歳を過ぎて定年を迎え会社は辞めても、通常の人であれば行わない六千メートル級のヒマラヤ登山を目指したり、太平洋を一人乗りのヨットで横断をしたり、未知の島やジャングルを目指して冒険をしたりする。

また変異した新奇探索性遺伝子をもつ人は、大冒険とはいかないまでも、部屋の模様替えや引っ越しを頻繁《ひんぱん》に繰り返したり、未知の大陸を放浪することに生きがいを感じたりする。こうした冒険好きで挑戦的、あるいは積極的で攻撃的な行動もその一つの現れであると、エプシュタインは述べている。

さらに、この遺伝子の繰り返し配列の回数は、人種や民族によっても異なり、日本人の場合、積極的・挑戦的な回数といわれる七回の繰り返しをもつ人は全人口の一～二パーセントである。

これに対して米国人の場合は、全人口の三十パーセントが七回の繰り返しをもつという結果がわかっている。日本人のほとんど（八十パーセント）は四回の繰り返し、十九パーセントが二回の繰り返しである。つまり、日本人の中で冒険的行動にでる人は一パーセントそこそこということである。

この実験は全人類を対象としていないから、即断は危険であるが、米国人のように欧州各国（遊牧民）からの移民によって成り立つ民族国家の場合を考えると、遊牧民はやはり一般的に挑戦的、冒険好き、積極的、攻撃的な野心家が多くいることがわかる。

このことは、過去の歴史を見ると、欧州大陸やアジア大陸などで多くの野心家が現れ、遠征軍を起こして異民族を征服し大帝国を建設していることからも、うなずけることである。

二〇〇四年のはじめに米国のブッシュ大統領は、「新宇宙計画」を発表し火星への有人飛行や、新たな宇宙船開発計画を発表した。もちろん、これは中国の宇宙計画に対抗するものであり、国内には無駄な金遣いとして反対する者もいるが、多くの米国人はこの計画に賛成するはずである。

月面着陸を目指した「アポロ計画」は、対ソ連を意識したものであったが、挑戦者魂・冒険者魂は、稲作民よりもはるかに多くもっているのである。さて、稲作民の代表たる日本人は、この計画をどのように受け止め考えるであろうか。

## 秀吉はタフ・ネゴシエーター

稲作民の日本人には、こうしたドーパミンの刺激を受けて遺伝子が繰り返す回数は遊牧民に比較すれば、七回や八回の繰り返しをする人物は極めて少ないが、歴史上から探すともっとも遊牧民に近い人物を豊臣秀吉《とよとみひでよし》に見ることができる。

秀吉の幼少時からの行状を見ても、信長に仕えてからの秀吉にしても、まさに遊牧民的発想で情報を重要視し、戦いよりも外交交渉によって交渉相手と丁々発止と渡り合い、いつの間にか自分のペースに相手を巻き込んで、少しでも多くの有利な取引条件を相手から引きだしている。

そのためには、あらゆる情報を事前につかんで、相手をしてタフ・ネゴシエーターと思わせるような「したたかさ」を備え、時には相手を脅したり、すかしたり、褒《ほ》めたり、煽《おだ》てたり、騙《だま》したり、強請《ゆす》ったり、真心を吐露したりと千変万化の技術と、重要なポイントでは瞬時に決断する能力を発揮しているのである。

秀吉は木下藤吉郎《きのしたとうきちろう》といわれた時代から、外交交渉に長け教養や学歴などはなく、文字さえ読むことも書くこともできなかったほどだが、稲作民的資質の他の武将を尻目に交渉相手を見事に手玉にとって出世をしていくのである。

秀吉の外交交渉で最たるものは、織田信長の軍団長として毛利勢の安国寺恵瓊《あんこくじえけい》と、水攻めにした高松城の処分をめぐっての取引で、信長の死を隠して会談に臨み、学識の深いそれでいて智謀に優れていると評価された安国寺を、見事に手玉にとって講和を結び軍団を無事に撤退させることに成功している。秀吉という人物は、毛利方にとっては極めて厄介《やっかい》なタフ・ネゴシエーターであった。

## 日本人は移民を棄民として蔑《さげす》む

ともあれ稲作民的な日本人の感覚からすると、皮膚の色はもとより言語や宗教あるいは習慣や伝統などが全く異なる異民族の住むところへ出かけていって、永住したり異民族を支配することは、極めて厄介なことであり、短期間の居住や占領ならまだしも数百年間も管理行政を続けることには誰しも、二の足を踏むことが多い。

ところが遊牧民の場合には、むしろ、誕生した故郷を離れ未知の国で成功することに喜びを感じる者が多い。言葉を換えれば、遊牧民の場合には、未知の国への移住はもとより、地域的覇権《はけん》や世界的覇権を目指して異民族支配に乗り出すことに逡巡《しゅんじゅん》しない。つまり遊牧民には、興奮状態にある人が多いといえるであろう。

米国のような移民国家だけでなく、中国人の場合も華僑《かきょう》として全世界に広がりを見せているが、日本人などはほとんど他国へ移住する人は少ない。なぜなら日本を捨てて他国へ移住するのは、国内での苦しい生活から逃れるためと見なされる傾向が強いからだ。

このためエリート意識に固まった外交官が、日系人の多い米国や中南米に赴任すると、現地の日系人を蔑《さげす》む言動をして物議をかもすことがしばしば起きる。

## 一神教は興奮状態の中から誕生

一神教とは、ユダヤ教、キリスト教そしてイスラム教のことをいうが、これら三つの宗教の共通点は、成立した場所がいずれも砂漠や荒地といった不毛の地で興っていることである。そして、一神教のもう一つの共通点は、三つの宗教の創始者がいずれも迫害を受けた中から、新たな啓示を受けていることと、自然とは対立する点である。

遊牧民の遺伝子に興奮状態にある者が多いという事実からすると、軍事的野心を起こす者は帝国建設に邁進《まいしん》するし、金銀財宝の蓄財に野心を抱く者は貿易商人として商売を広げたいと思うであろう。一方、世の中の乱れを正したいと考える者は、新たな倫理観の確立を目指して新しい思想や哲学を考えだし、これを民族全体から異民族のすべてに広めたいと念願するはずである。

ユダヤ民族はエジプト王国に長く幽閉されていたが、紀元前一二三〇年ラムセス二世治下の圧政から、脱出を図る際に宗教的指導者である「モーセ」が、エジプト軍の追跡を紅海での奇蹟によって振り切り、シナイ半島に入った。ここでモーセはシナイ山に登り、絶対神・ヤハウェーと契約を結び、これを律法として民に公布し、ユダヤ人に「神とともに歩む」という民族的自覚を与えた。

その後、ユダヤ王国は新バビロニア王国に滅ぼされ、バビロン捕囚が五十年間近く続いた後に帰還したが、それからはヤハウェーを唯一絶対神であり、自らは神の選民としての確信をもつようになった。このユダヤ教はユダヤ人だけの民族宗教であり、他民族にはユダヤの神の恩恵は及ばない。なぜなら他民族の宗教神は邪神であり、したがって邪宗と見なすからである。

次にキリスト教の創始者である「イエス・キリスト」は、ユダヤ教がユダヤ人だけの宗教であることに疑問を感じ、ユダヤ教の律法主義的、民族宗教的性格を克服した。すなわち、いかなる民族であっても「父なる神・GOD（神）」の教えを信じれば、神の愛による救済があると説いたことによって成立した。

しかしながら、キリストが「愛」をもって貴貧の別なく布教をする態度は、ユダヤ人の怒りを買い、布教する各地で迫害を受けた。キリスト教は現在、世界宗教となっているが、信者となるには唯一神である「神（GOD）」との契約（洗礼）が必要であり、信者となった場合には他の宗教神を一切信仰してはならない。なぜならキリスト教以外の神は邪神であり、邪宗であるという認識だからである。

## 右手に剣、左手にコーランで布教

一方、イスラム教の創始者である「ムハンマド（マホメット）」は、生地メッカで六一〇年に神の啓示を受けて使徒としての自覚をもった。彼は幼い時に孤児として苦労し、成人してから裕福な金持ちの未亡人と結婚したが、幸福な商人となって旅を重ねる時も社会矛盾に心を痛め、旅行中にユダヤ教とキリスト教の感化を受けて、神の啓示を受けた。

イスラムとは、唯一にして至大なるアッラー神に絶対帰依する意味で、コーランを読誦《どくしょう》することで直接神に接しうるとしている。イスラム教の真の信者となるには、信仰（神・天使・経典・預言者・来世・天命）と勤行（告白・礼拝・断食・喜捨《きしゃ》・巡礼）が完備されなければならないと説く。マホメットは六一四年頃から布教をはじめたが、神と人との間に僧侶を必要としないため、メッカ地方の僧侶・占い師などから迫害にあってメッカを追われメディナに居を移した。

このため、イスラムを奉じるアラブの人々はその後の布教には「右手に剣、左手にコーラン」という合い言葉のもとに、アラブ軍団を作り上げササン朝ペルシア帝国を滅ぼし、サラセン帝国を築いていった。

イスラムを信じる者は、他の宗教を信じてはならないのは、ユダヤ教、キリスト教と同様である。そして、ここにこそ、現代国際社会での宗教・文明闘争の種が播《ま》かれたともいえるのである。

ともあれ、遺伝子中に興奮状態をもつ遊牧民は、現在国連二百ヵ国の中に国家として参加しているが、国連常任理事国のメンバーはみな遊牧民国家であるし、それ以外の国家にしても国内で独裁権力を行使したり、地域的覇権を狙《ねら》ったり、あるいは国際的ルールを平然と破ったりしている。二百ヵ国のうち、遊牧民としての資質をもつ国家は百九十ヵ国に及ぶと考えられる。

## 六――遺伝子の興奮状態は独裁者を生む

### 朝貢《ちょうこう》が生んだ中華思想

一方、中国では紀元前五五一年、覇者《はしゃ》による戦乱がはじまっていた「魯《ろ》」の国に孔子《こうし》が誕生し、家族道徳に基づく仁愛を根本に修身・斉家・治国・平天下の道を理想として諸国を遊説した。孔子がなぜ、倫理や政治を説いたのかといえば、当時の春秋時代はすでに、「周」王朝の権威が失墜したために世が乱れ、下克上がはじまっていた時代であるから、正義心をもった者は秩序ある社会に戻したいと念願していたに違いない。

そうした中に孔子という遺伝子に興奮状態をもつ者が、思想面で倫理や政治のあるべき姿を説いたわけである。

「秦」の始皇帝が中国大陸を統一して以来、皇帝の権力は絶大であり、異民族を支配してきた。リーダーたる皇帝は独裁的な権力をもって漢民族を支配しただけでなく、東アジアに広がる周辺地域に対しても、四千年間にわたって冊封体制をもって律する中華思想という、特異な政治思想と政治体制を生みだした。

中国の皇帝が異民族支配のために採った方法は、朝貢による冊封体制である。異民族は年に一度は必ず皇帝のいる北京に参勤し、莫大《ばくだい》な土産《みやげ》をもらうが同時に皇帝の前にひれ伏す姿を庶民は四千年間にわたって見続けてきた。つまり中国の庶民は中国皇帝こそ宇宙唯一の権力者であり、漢民族が世界の中心で他は野蛮人であるという考えを抱くようになった。こうして生まれたのが「中華思想」である。

ともあれ、いつの時代でも政治面で遺伝子に興奮状態をもった者は、独裁政治を敷きやすく、かつてのスターリンやヒトラー、毛沢東《もうたくとう》、ルーマニアのチャウシェスク、セルビアのミロシェビッチなどがいる。二〇〇三年十二月現在では、イラクのフセイン大統領は米軍に逮捕されたが、北朝鮮の金正日《キムジョンイル》総書記は依然として権力の座についている。

しかし、こうした人間を駆除しても、遊牧民国家の場合には、政治体制が脆弱《ぜいじゃく》な国ほど野心家が登場しやすい土壌と民族的資質があるから、二十一世紀になっても第二、第三のフセインや金正日が出てくることになる。

**興奮状態はプラスの面にも現れる**

ところで、遺伝子に突然変異が起きて人間を興奮状態にさせるのは、必ずしも政治・軍事・経済のマイナス面ばかりではない。プラス面では、奉仕や福祉面で興奮状態になる人々も出てくる。

たとえば、ナイチンゲールはクリミア戦争（一八五三年）では、敵も味方も差別なく傷病者を看護して、看護する者の奉仕精神を人類に気づかせている。

あるいは、一八七〇年十月に長崎へやってきた英国人の軍医ジョージ・ブルース・ニュートンは、遊郭で働く女性の性病を絶滅させようと、梅毒病院を設立して献身的に患者の治療にあたっただけでなく、病院の火事で病室に閉じ込められた少女の命を救い、自らは大火傷のために死亡している。彼は一八七一年七月十一日に亡くなったが、その墓は大浦川の川上にある外人墓地に葬られている。

現代社会ではユーゴスラビア出身のマザー・テレサは、長年インドに住んで最下層の人々に尽力し、ノーベル平和賞を得ているが、彼女の場合にも遊牧民のプラス面が発揮された人物といえるであろう。

また、経済的に成功し富豪となった者の中には、社会のおかげで成功が築けたとして、公共事業に莫大な資産を寄付する者も現れる。

米国は一八八〇年にはすでに世界一の経済大国となったが、その後も繁栄を続けて企業王といわれる大富豪を生みだした。

中でも鉄鋼王として名前をあげたカーネギーは、世の中への恩返しとして財団を設立し、各地の学校へ図書館を寄付しはじめた。これを見た他の企業王たち、たとえばロックフェラー、フォード、ヴァンダービルト、ハリマン、スタンフォードなどが、続々と財団を設立し、教育機関や病院など公共施設の建設や寄付を盛んに行うようになった。

# 第二章　征服心旺盛な遊牧民vs.受容的な稲作民

## 一――帝国建設は古代エジプトから

### 「力」と「騙《だま》し」の繰り返し

さて、遊牧民は古代エジプトの時代から帝国建設に長《た》けているが、帝国という意味は単に支配領域が広大というだけでなく、そこに居住する多数の異民族・部族をも傘下に収め、なおかつ彼らが反乱などに立ち上がらないよう、厳重な管理体制を敷いて長い年月の間、国家として維持される場合をいう。

帝国建設の立て役者は一般的には強烈なカリスマ性をもつ指導者ではあったが、古代ギリシャや古代ローマの場合の一時期には、奴隷《どれい》制に基づく民主主義政権が誕生して、集団指導体制で帝国を運営する場合もあった。

以下に検証してみよう。

まずエジプトの古代王朝は今から六千年ほど前にはじまり、強大な権力を保持した国王が巨大なピラミッドを次々と建設しているが、一方、ハムラビ法典で有名なハムラビ王は、バビロニア王国をメソポタミア地方に建国し、幾多の変遷を経て、紀元前五〇〇年にペルシアに滅ぼされるまで、新バビロニア王国として存続した。

紀元前一二〇〇年頃には、ギリシャ人は地中海全域と黒海全域にわたって植民都市を建設し、地中海貿易を独占した。さらに紀元前五五〇年になると、イランの地に「アケメネス朝ペルシア帝国」がオリエント地方を中心に北アフリカからマケドニア地方を含む大帝国を建設し、約三百年間にわたって君臨した。この帝国はダレイオス一世の時代（紀元前五二二～前四八六年）に、面積が六百四十一万平方キロ（日本は三十七万平方キロ）となり同じ頃勢力を伸張していたギリシャ都市国家と、何度も覇権《はけん》を競って激突した。

しかし、さしものペルシア帝国も紀元前三三一年、ガウガメラの戦いでマケドニアのアレクサンダー大王に滅ぼされ、替わってアレクサンダー大王帝国が欧亜に跨《また》がる大帝国を建設した。この帝国は彼の死によって分裂したが、紀元前二七二年にイタリア半島を統一した「ローマ帝国」が、次第に勢力を伸ばしライバルのカルタゴを滅ぼして、地中海世界を統一し西暦元年にはブリタニアからイベリア半島、北アフリカ地域、エジプト、シリア、メソポタミア地方、小アジア、バルカン半島全域を領有し、その最大面積は千百四万平方キロにまで拡大したが、紀元後四七六年にゲルマン人傭兵《ようへい》隊長・オドアケルに滅ぼされるまで続いた。

一方、オリエント地方では、アレクサンダー大王の死後、イランの地に「ササン朝ペルシア帝国」が建国され、ローマ帝国と分裂後の東ローマ帝国と抗争を繰り返した。

しかし、このペルシア帝国も四百年の後、サウジアラビア半島に興った「サラセン帝国」のウマイヤ朝に六五一年滅亡させられる。サラセン帝国は、サウジアラビア半島を中心にして東西に領土を拡張し、最大期には千六百二十四万平方キロに達してビザンチン帝国やフランク王国を脅かしたが、このイスラム帝国も一二五八年には、モンゴル軍の支配を受けた。

ところでヨーロッパではローマ帝国滅亡後は、フランク王国が西ローマ帝国の欧州版図を受け継いだが、ヴェルダン条約（八四三年）やメルセン条約（八七〇年）によって分裂し、西ヨーロッパにおいては、「フランス王国」と「神聖ローマ帝国」が勢力を二分し、加えて「イングランド王国」が力をつけはじめた。

その後、ヨーロッパに興った巨大帝国は、植民地政策などによって「ロシア帝国」が二千四百十八万平方キロ、「スペイン帝国」と「ポルトガル王国」がそれぞれ千二百四十万平方キロ、大英帝国が三千三百十五万平方キロ、フランス帝国が千百二十五万平方キロなどを領有する大帝国を建設したが、現在は植民地が放棄された結果、一千万平方キロを超える国家はロシア共和国だけである。

イスラム系国家では、「チムール帝国」が六百二十一万平方キロ、「オスマン・トルコ帝国」が五百万平方キロと領土を拡大したが、西欧列強に蚕食されて巨大領土を喪失した。

各帝国の最大領域

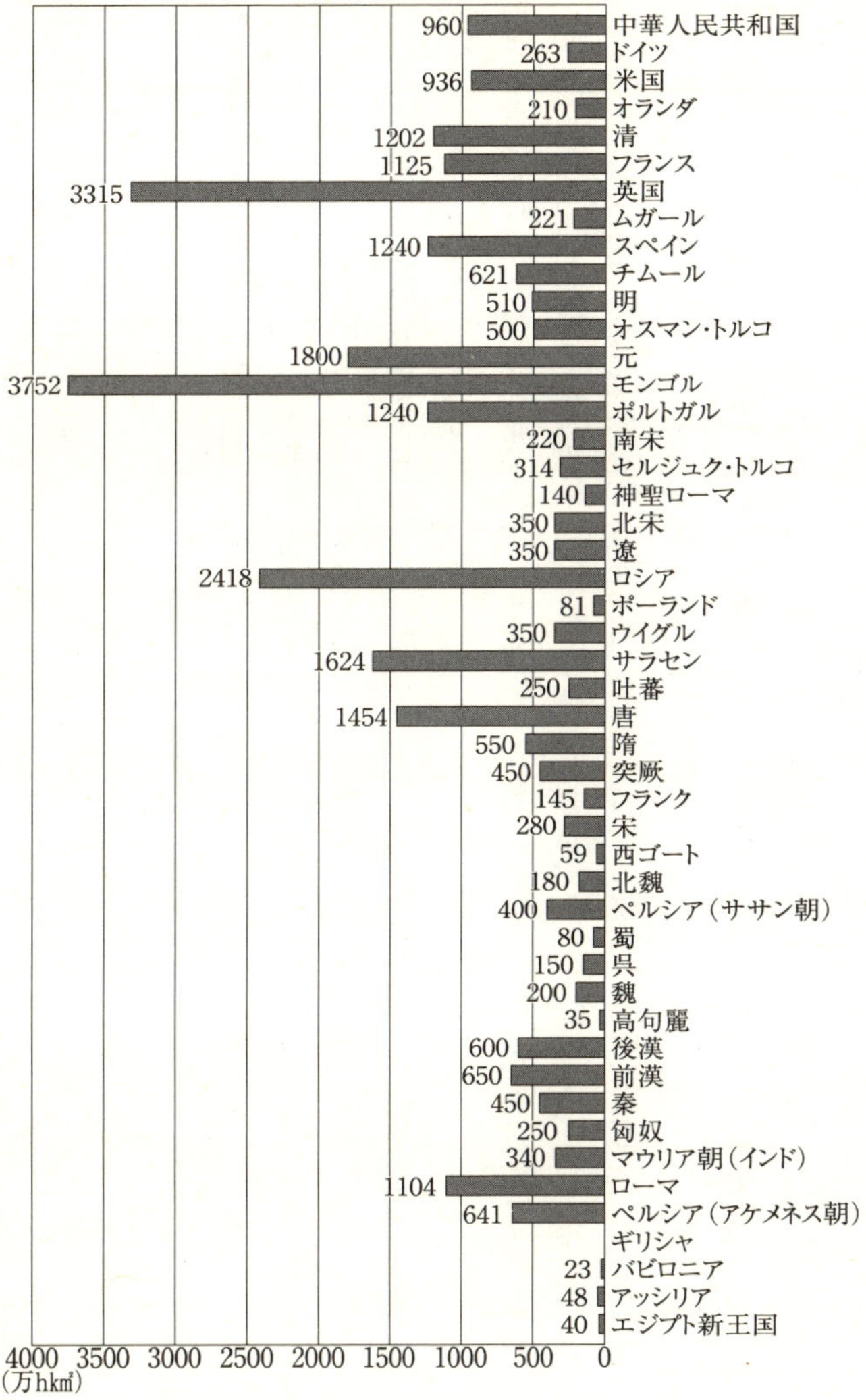
960 中華人民共和国
263 ドイツ
936 米国
210 オランダ
1202 清
1125 フランス
3315 英国
221 ムガール
1240 スペイン
621 チムール
510 明
500 オスマン・トルコ
1800 元
3752 モンゴル
1240 ポルトガル
220 南宋
314 セルジュク・トルコ
140 神聖ローマ
350 北宋
350 遼
2418 ロシア
81 ポーランド
350 ウイグル
1624 サラセン
250 吐蕃
1454 唐
550 隋
450 突厥
145 フランク
280 宋
59 西ゴート
180 北魏
400 ペルシア（ササン朝）
80 蜀
150 呉
200 魏
35 高句麗
600 後漢
650 前漢
450 秦
250 匈奴
340 マウリア朝（インド）
1104 ローマ
641 ペルシア（アケメネス朝）
ギリシャ
23 バビロニア
48 アッシリア
40 エジプト新王国
4000 3500 3000 2500 2000 1500 1000 500 0
（万hkm²）

## 二――ヨーロッパ大陸に匹敵《ひってき》

### 三千年間君臨し続けた中華帝国

一方、アジアではエジプト文明に二千年遅れて、紀元前四〇〇〇年頃の黄河流域に黄河文明が起こり、やがて紀元前一七〇〇年頃に「殷《いん》」が遊牧生活を脱して都市国家を建設したが、黄河中流の洛邑《らくゆう》周辺に留まっていた。殷は六百年ほど続いたあとの紀元前一一〇〇年頃、「周《しゅう》」の武王によって滅ぼされた。

周は、黄河流域から揚子江までの地域を支配したが、やがて一族や他の諸侯によって分裂・拡大を続け、紀元前二五六年に「秦《しん》」に滅ぼされるまで八百年間近く存続した。戦国時代は百八十二年間続いたが、戦国の七雄を倒した秦の国王・政が紀元前二二一年に中国大陸を制覇統一し、「秦帝国」を起こし、始皇帝と称した。

中国史上、はじめての大統一国家を作り上げた始皇帝の領域は四百五十万平方キロとなり、北は遼東半島から南は現在のベトナムとの国境地域に至る沿岸部まで達した。始皇帝の権力は極めて強く、現在に残る万里の長城や兵馬俑《へいばよう》、そして地下宮殿など多くの建造物を人民に作らせたが、その支配管理の方法は法治体制で、法に違反する者は容赦《ようしゃ》なく捕らえて労役を課した。

紀元前二〇二年に垓下《がいか》の戦いで項羽《こうう》を破った劉邦《りゅうほう》は、「漢《かん》帝国」を建国し、後漢《ごかん》として滅びるまで四百二十年間中国大陸を支配した。その面積は六百五十万平方キロで、秦帝国の時代よりも増えたのは西域地方を匈奴《きょうど》から奪い取ったためである。

しかし漢民族による漢帝国も北方や西方からの異民族の侵入によって分裂をし、さらに南方へと追いやられた。ところが五八一年になると北方民族出身の楊堅《ようけん》が「隋《ずい》帝国」を建国した。この隋の面積は五百五十万平方キロであったが、大運河をいくつも開削したり、北方の高句麗《こうくり》と何度も争った結果、わずか三十年で部下の李淵《りえん》に皇帝の座を奪われた。

李淵の建てた「唐《とう》帝国」は、六一八年から九〇七年まで約三百年間続いたが、その最大領域はチベット民族の吐蕃《とばん》を含めて、千七百四万平方キロに達し中国王朝の中では元に次ぐ領域を獲得した。

唐が滅亡したあと、再び中国大陸は北方と西方遊牧民が五代十国時代を作ったが、やがて九六〇年に趙匡胤《ちょうきょういん》が「宋《そう》帝国」を建国した。この宋の面積は五百七十万平方キロで、一一二七年に「金」に押されて淮河《わいが》まで南下し、「南宋」を築いて命脈を保ったが、一二七九年に厓山《がいさん》の戦いで「元《げん》帝国」のフビライ－ハンに敗れ滅亡した。

## 元と4ハン国

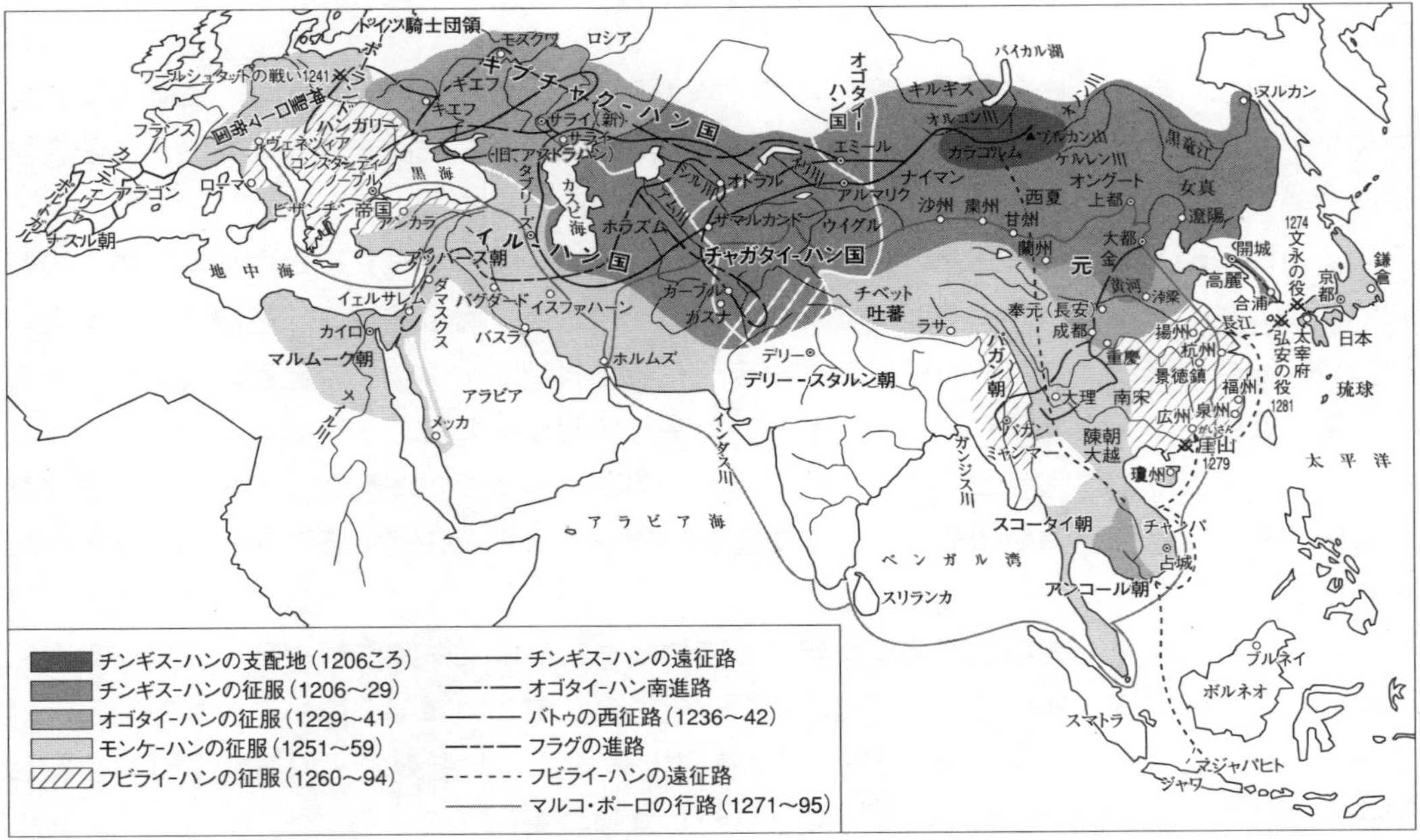
ドイツ騎士団領
モスクワ
ロシア
ワールシュタットの戦い 1241
ポーランド
神聖ローマ帝国
フランス
ハンガリー
ヴェネツィア
コンスタンティノープル
ローマ
アラゴン
カスティリャ
ポルトガル
ナスル朝
ビザンチン帝国
アンカラ
黒海
キエフ
キプチャク－ハン国
サライ（新）
サライ（旧）（アストラハン）
タブリーズ
カスピ海
イル－ハン国
アッバース朝
地中海
イェルサレム
ダマスクス
バグダード
イスファハーン
バスラ
ホルムズ
カイロ
マルムーク朝
ナイル川
アラビア
メッカ
アラビア海
オゴタイ－ハン国
エミール
オトラル
アルマリク
ホラズム
サマルカンド
ウイグル
チャガタイ－ハン国
カーブル
ガズナ
チベット
吐蕃
ラサ
デリー
デリー－スルタン朝
インダス川
ガンジス川
ベンガル湾
スリランカ
バイカル湖
キルギス
オルコン川
カラコルム
ケルレン川
ナイマン
沙州
粛州
甘州
西夏
蘭州
オングート
上都
大都
金
元
黄河
汴梁
奉元（長安）
成都
重慶
大理
パガン朝
パガン
ミャンマー
陳朝
大越
スコータイ朝
アンコール朝
チャンパ
占城
瓊州
南宋
揚州
杭州
景徳鎮
福州
泉州
広州
厓山
1279
長江
黒竜江
女真
遼陽
ヌルカン
開城
高麗
合浦
1274
文永の役
弘安の役
1281
太宰府
京都
鎌倉
日本
琉球
太平洋
ブルネイ
ボルネオ
スマトラ
マジャパヒト
ジャワ
チンギス－ハンの支配地（1206ころ）
チンギス－ハンの征服（1206～29）
オゴタイ－ハンの征服（1229～41）
モンケ－ハンの征服（1251～59）
フビライ－ハンの征服（1260～94）
チンギス－ハンの遠征路
オゴタイ－ハン南進路
バトゥの西征路（1236～42）
フラグの進路
フビライ－ハンの遠征路
マルコ・ポーロの行路（1271～95）

元はモンゴル帝国から分かれた国家であるが、チンギス－ハンの建てた帝国は史上空前絶後の広大な面積を誇り、三千七百五十二万平方キロに達し、欧亜に跨《また》がる巨大帝国となった。フビライに与えられた「元」も、千八百万平方キロと大きく、中国本土に建てられた王朝の内では最大面積を保有していた。

しかし、一三六八年、南京から兵を挙げた朱元璋《しゆげんしよう》は北京を落として、元を北へ追いやり新たに「明《みん》帝国」を建国した。その領域は五百十万平方キロで、歴代中華帝国の中ではもっとも小さい面積で二百七十六年間続いたあとに、女真族の「後金」に一六四四年に滅ぼされた。

「清《しん》帝国」は、明がなしえなかった蒙古族、チベット族、ウイグル族などをその冊封体制の中に組み込み、その面積は千二百二万平方キロに広げた。しかし「清」も二百六十八年後の一九一二年、漢民族の辛亥革命によって滅びた。

## 清朝の巧みな異民族支配方法

中国大陸を最後に支配した清帝国の統治方法も、巧みな部類に入るであろう。満州民族はかつて「金」を建国し、満州地方全域から漢民族の「宋」の一部まで支配したが、モンゴル族のチンギス－ハンによって滅亡の憂き目にあった。そこで、「金」の滅亡から四百年後に勃興《ぼっこう》した同じ満州民族出身のヌルハチは、清帝国建設にあたって、剛強のモンゴル族や百倍の人口をもつ漢民族を支配するために、「五つの顔」をもって広大な領域を支配した。

すなわち、漢民族に対しては「漢民族の皇帝」、モンゴル族に対しては「モンゴル部族大ハン」、勇猛なチベット族には「ラマ教保護者」、反乱常ないジュンガル族に対しては「ジュンガル族後継者」、満州民族には「満州部族会議議長」として君臨した。

その際、各部族の地域の管理・支配は、満州族だけからなる「理藩院《りはんいん》」を設けてこれに行わせ、各民族は相互に他民族の土地に移住することを禁止し、特に満州地域には「封禁令《ふうきんれい》」を敷いて漢民族の流入を防いだ。

さらにもっとも剛強なモンゴル族の反乱を抑えるために、モンゴル王族の子弟を北京の宮廷に人質として預かったが、満州皇帝の一族と一緒の生活をさせ、皇帝家族を伯父・伯母などと呼ばせて懐柔したため、本国へ帰国しても決して清朝に対して謀反《むほん》の気持ちを起こさなかった。

余談ながら、清朝が崩壊すると、満州民族の下位にいた漢民族や蒙古民族は独立を目指し、満州皇帝を追い払った漢民族は「中華民国」を、モンゴル族は「蒙古人民共和国」として独立したが、他の民族であるチベット族やウイグル族は民族自決に目覚めずにいた間に、清朝時代は同僚の地位にいた漢民族に支配されてしまった。

チベット族が独立運動をはじめたのは一九五九年三月であり、ウイグル族が独立運動をはじめるのは一九六〇年代になってからである。

彼ら少数民族の感情にすれば、清朝時代には同じ地位にいた漢民族が、なぜ、我々を支配するのかという気持ちになるのは当然である。

ともあれ、日本にも奈良、平安、鎌倉、戦国時代と優秀な武将や政治家を輩出はしたが、戦略的思考から政治や戦争を論じた者は出なかった。

わずかに徳川家康《とくがわいえやす》が三百年間も続く幕府を開いたが、日本列島という小さな島国に居住する日本人という同じ民族を統治しただけである。

「清」の後に建国された「中華民国」は列強諸国の侵略や共産党との戦いを経て台湾に追いやられ、中国大陸には一九四九年に、共産党独裁政権である「中華人民共和国」が成立した。

共産中国は、清の領域のうち蒙古だけが独立をして離れたのを除き、ほぼそのままの領土を継承した。現在、その面積は九百六十万平方キロとなっており、異民族は約一億人、五十五民族となっている。

以上、エジプトの古代王国以来、誕生した歴代の帝国を概観したが、遊牧民の末裔《まつえい》たる大陸国家の人々は、異民族を多数含む巨大帝国の建設と支配が極めて巧みであった。これに対して、コメを常食としてきたモンスーン地域の稲作民は、日本を除いていずれも歴代中華帝国の支配のもとに入ったり、十六世紀からは欧米白人諸国の支配に屈し、巨大帝国を作ることはなかった。

わずかに、日本が一九四一年にはじまる大東亜戦争で、広大な太平洋地域を四年間支配しただけでお世辞にも「帝国」を建設したとはいえなかった。

## 三――裏切りの連続の大英帝国

### 東インド会社の性格

十五世紀に大航海時代が幕を開け、スペインとポルトガルが世界の海を二分してから百年近く、七つの海は両国の支配が続いたが、やがて力をつけてきた英国やオランダ商人もアジア貿易へと参入をしてきた。

当時ヨーロッパの東洋貿易の中心港はリスボンで、ポルトガル商人がアジア貿易を独占的に支配していたが、他国商人の参入を防ぐために、一五八一年、リスボン港から英国やオランダ商人を締めだした。

そこで、英国は一六〇〇年十二月、ロンドン商人を中心に国王から特許状を得て東インド会社を設立し、直接貿易に乗りだした。オランダ商人も議会の斡旋《あっせん》で国王から特許状を得て、一六〇二年にオランダ東インド会社を設立し、フランスも一六〇四年に設立した。

これらの東インド会社は、国王から領土の獲得権、行政権、司法権、貨幣鋳造《ちゅうぞう》権、税金徴収権、要塞築城権、陸海軍事力の保有、宣戦布告・講和権限などの保有を許可され、政治的、経済的、軍事的性格をもってアジア貿易に乗りだした。こうした発想は、どの稲作民の王朝ももたなかった。

英国は一六〇八年にボンベイの北にあるスラットに上陸し、ここを軍事占領したあと、四年後に商館を設置してインド貿易に乗りだした。さらにマドラス（一六三九年）、ボンベイ（一六六一年）、カルカッタ（一六九〇年）と拠点を築き、インド綿織物の本国輸出に力を入れた。

同じ頃、ベンガル地方のシャンデルナゴルにはフランスが進出をしていたが、欧州における英仏の覇権争いがインドにおいても激しさを増しつつあった。

そして一七五七年、英国は東インド会社のベンガル総督クライブが三千人を率いて、ベンガル北部のプラッシーでフランスが支援するベンガル太守シラージュ・ウッダウラ率いる七万の兵と対峙《たいじ》した。圧倒的兵数を誇るベンガル軍に対して劣勢のクライブは一計を案じ、敵の有力な将軍であるミール・ジャフールに、裏切れば金と地位を約束するとしたため、戦いはわずか一日でベンガル太守側の大敗に終わり、フランスの勢力はベンガル地方から駆逐されてしまった。

英国東インド会社は、プラッシーの戦いのあと、同じようにフランス勢力の支援が明らかとなった南インドのマイソール地方の有力藩王ハイダル・アリーと四回にわたって戦端を開き、一回目（一七六七年）、二回目（一七八〇年）では劣勢であったが、三回目（一七九〇年）と四回目（一七九九年）においては、部族間の対立を利用して「利」をもちかけ、勝利を収めてマイソール地方を手中にした。

次いでインド最大の領域となる中部地方を支配するヒンズー教の藩王たちと三度にわたる戦端を開いた。中部地方はマラータ族の有力藩王であるペーシュワー家、ホルカル家、ボンスラ家などが、「マラータ同盟」を結んで東インド会社に対抗したが、一七七五年の第一回戦争で手痛い反撃を食うと、第二回（一八〇三年）、第三回（一八一七年）ともに各藩王家ごとに利益と地位の約束を与えて裏切りをさせ、各個撃破の戦略でマラータ同盟を崩して勝利を収めた。

## 部族対立と宗教対立を利用

英国東インド会社は、インド征服の過程において、インドには数百もの部族がヒンズー教、イスラム教そしてシーク教に分かれて信仰していることを知り、征服のための戦略としてそれぞれの利害関係を活用することを思いついた。

さらに英国は広大なインドを蚕食するにつれて、英国人の兵力が不足するため、征服地の住民を次々と傭兵《ようへい》として軍隊を組織し、これを英国人が指揮する方式を採用したが、一八〇五年以降に手に入れた南インド地方はヒンズー教徒が多かったため、傭兵として雇い入れたインド人はヒンズー教徒が圧倒的に多かった。

一方、敵が連合軍として対峙した「ビルマ戦争」においても、英国は最初の戦い（一八二四年）で敗戦を経験すると、第二回（一八五二年）、第三回（一八八五年）の戦いでは、インドでの常套手段である「利」をビルマの有力部族に与え、各個撃破の戦略で敵を破りビルマを併合してしまった。ビルマには百三十もの部族が居住しているから、部族間の対立を利用することはいともたやすかったのである。

さらに、一八四三年にはインダス川下流域のムガール帝国に所属するシンド地方を攻め、これを奪い取った。インドの大半を掌中に収めた東インド会社にとって、残る大勢力は北西部のパンジャブ地方に拠《よ》るシーク教徒であった。

このため、一八四五年と一八四八年の二回にわたって傭兵を引き連れ、最新の銃砲をもってシークとの戦争に臨んだ。

会社側は圧倒的な軍事力をもってはいたが、味方の損耗を避けるため、二度の戦いとも、敵の有力領主と秘密裏に協定を結んで裏切りを行わせ、シーク軍を全滅させた。パンジャブ地方はインド最大の穀倉地帯であり、綿作地帯でもあったから、折からの産業革命の最盛期にあった英国工業を大いに助けることになった。

### セポイの乱がきっかけに

ところが、こうした東インド会社による激しい征服戦争と土侯国併合政策は、インドの各階級に不満を与えていた。そうした時期の一八五七年、インド北西部のラージプターナやアワドに駐屯する傭兵部隊に、弾薬筒を磨く油にヒンズー教徒の忌み嫌う豚の油が使用されているという噂《うわさ》が立った。

インド人傭兵はセポイと呼ばれたが、これはペルシア語のシパーヒー（戦士）から転音した呼び方といわれ、戦士としての誇りをもった兵隊たちであった。

ヒンズー教徒の信仰や慣習を無視したやり方にセポイたちは反乱を起こし、たちまちインド全域に広がりはじめた。この反乱はインド人が征服者に対して、はじめて団結して行動した画期的な事件であり、インドの民族運動の出発点ともいわれている。

あわてた東インド会社は、英国本国とシンガポールから政府軍を出動させ、四年後にようやく鎮圧することができたが、一八五八年にはインドの支配権は会社から英国政府が取り上げ、同時にこの混乱期にムガール帝国も滅亡した（一八五八年）。

ただ、セポイの反乱が起きた時も、インドの全部族が立ち上がって英国に反抗したわけではなく、英国の利益提供によって、むしろシーク教徒、イスラム教徒そしてグルカ兵たちは英軍を助けて、ヒンズー教徒主体のセポイ軍に攻撃を加えていたのである。

このセポイの反乱事件をきっかけにインドでは次第に独立の気運が高まりはじめた。しかし、ムガール帝国の支配外にあった土侯国のほかに、ムガール帝国の崩壊後に各地で六百を数える藩王（マハラージャー）が出現したが、その領域は全インドの三分の一を超えるほどであった。

特に巨大な藩王はハイダラバード、マイソール、カシミールなどがあったが、それぞれの藩王国は、独立の行政権、司法権、財政権と軍事権をもって藩王国内を支配した。英国政府は、英国と友好関係にあるマハラージャーと反英のマハラージャーとを互いに争わせ、その勢力を弱める政策を巧みに実施した。

余談ながら、現在も続いているカシミール地方の領有をめぐるインドとパキスタンの争いは、カシミールの藩王と住民の三割がヒンズー教徒で、残り七割の住民はイスラム教徒であるが、藩王はインドが独立する際にインド側についたため、住民側はパキスタンへの帰属を望んだことから紛争が勃発《ぼっぱつ》している。

### しぶとく粘《ねば》り強い性格

しかしながら、一八七七年に英国ヴィクトリア女王を盟主とするインド帝国が成立し、鉄道敷設が進んで英国綿製品が大量に輸入されると、インド織物工業が壊滅状態となり、藩王間の対立を超えて反英運動が激化するようになった。

そこで、英国はインドの富裕階級である民族資本家や知識階級を集めて「インド国民会議」を開き、英国との協調と相互発展を図ろうとした。

しかし、それでも反英運動が激しくなっていくのに対応して、英国は一八五八年にインド統治法、一九〇九年にはインド参事会法、一九一九年にはモンタギュー・チェムスフォード法、一九三五年憲法、などを次々と制定していった。いずれも、インドの反英運動の分裂と、英国の特権保持を目的とする強権発動的な内容であった。

英国の植民地政策を見ると、東インド会社の方針であれ政府の政策であれ、文明度の低い異民族に対しては、同じ地域に居住する異民族同士を反目させ争わせて漁夫の利をとる方法か、宗教の異なる異民族同士を互いに争わせ、外国勢力の仕業とは思わせない方法をとっている。

それでも、住民の憎悪が英国に向けられる場合は武力をもってこれを抑えるが、できる限り自軍の損害を少なくするために、列強の中で同盟国を求める方式をとった。阿片戦争やアロー戦争ではフランスを誘い、クリミア戦争ではフランスとイタリアに参加を呼びかけ、ロシアの膨張に対しては日英同盟などがその例である。

また、たとえ植民地の独立運動に押されても無条件での撤退はせず、条件を小出しにしながら相手方の譲歩を引きだし、支配年数と利益を獲得しながらゆっくりと撤退していくという方法であった。

そして万一にも、相手が途中で挫折《ざせつ》したり弱みを見せるなどすれば、ただちに元に戻ってつけ込む道をつけておくことも忘れなかった。

第一次世界大戦では自治と引き換えに、欧州戦線にインド人を多数兵士として送り込み、第二次世界大戦においても、多くのインド人兵士を英軍としてマレーシアやビルマ（ミャンマー）などの戦線に利用している。

## 四――軍事力で征服したオランダ王国

### 香料の島を力で奪取

オランダの東インド会社も、英国と同様にリスボン港の東洋貿易から締めだされたことを契機として、十七の商会が結束して国王の特許状を獲得し、一六〇二年に会社を組織して直接香料の産地であるモルッカ諸島へと赴《おもむ》いた。その権限は、ほぼ英国の東インド会社と同じで、政治的、経済的、軍事的性格を強く保有して植民地と貿易に従事した。

アジアでの香料獲得では、早くから進出したポルトガルではあったが、その政策は軍事力をもって財宝の収奪とカトリックを布教するという目的が強く、貿易については二の次という狭量政策であったため、オランダ商人が艦隊を組んでモルッカ諸島に押し寄せてくると、貿易よりも他領土の獲得を目指し、より大きな島を求めて撤退していった。

モルッカ諸島の中でも、南西端に位置する小島、特にアンボイナ島は香料の特産地として有名であったが、オランダはここに目をつけた。モルッカ諸島のみならず、インドネシア諸島は熱帯性モンスーン気候のため、コメ以外にもバナナ、コーヒー、タバコ、サトウキビなどの栽培にも適しており、オランダ商人たちはインドネシア全土の獲得を目指した。

一六一九年、オランダの東インド総督として赴任したクーンは、ジャカルタに堅固な城塞を築き市街地も建設してバタビアと命名し、本格的な植民地経営に乗りだした。

ところが、一六二三年にアンボイナ島の香料には英国も目をつけて、東インド会社が進出し、商館の建設とその護衛に日本から渡ってきていた浪人などを雇って、オランダと対抗しはじめた。

**本国の六十倍の面積を獲得**

香料産地の危機と感じたクーンは艦隊をアンボイナに派遣し、数十人のイギリス人と日本人を捕らえて虐殺し、現地では未だ弱小の英国勢力を駆逐してしまった。英国はアンボイナの虐殺に怒ったが、ちょうど欧州では一大宗教戦争である三十年戦争が勃発したばかりで、その対応に追われていたばかりでなく、オランダは英国側とは同盟の立場にあった。

そのうえ、英国はインドにも進出をしてフランスとも覇権を争いつつある時期であったために、英国はモルッカ諸島を諦めたが、後になってオランダも英国にアンボイナ事件での虐殺を認め、謝罪と補償を行った。

アンボイナを奪還したオランダは、アンボイナ島のみならず周辺のバンダ諸島でも、もっぱら香料の生産を行うべく、住民を奴隷として使役して栽培するなど力を背景として収益を上げた。

三十年戦争が終結（一六四八年）すると、欧州列強による植民地争奪戦が激化しつつあった情勢を見て、オランダ東インド会社は、一六五〇年以降ジャワ島のみならず、スマトラ、セレベス、ボルネオ、ニューギニア、セイロンの諸島と周辺海域に散在する群島をすべてオランダ領として宣言した。セイロン島はその後一七九六年に英国へ譲渡したが、この時点でオランダは本国の六十倍の面積を東南アジアに獲得した。

ジャワ島には当時、イスラム教を奉ずるマタラーム朝があって国王アグン（一六一三年）の時に盛期を誇っていたが、彼の後は次第に衰退し十八世紀に滅びるまでオランダの支配下に入った。

オランダはナポレオンが出現した十九世紀初頭、一時本国を奪われ一八一六年に再び復活したが、東インド会社の経営は行き詰まり、これ以降はオランダ政府の直接管理が行われることになった。しかしながらナポレオン戦争で荒廃した本国の財政は破綻《はたん》していたため、植民地行政はおざなりとなる時期にあった。

この時を狙《ねら》って、一八二五年にジャワの王族・ディポーネゴロが反乱を起こした。彼は、オランダ人を駆逐するために大軍をもってジョク・ジャカルタに進撃し、オランダ人と地元経済を牛耳っていた華僑を多数殺害した。ディポ－ネゴロはスルタンを名乗り、一八三一年までジャワ島の大部分を支配したが、やがてオランダ本国から派遣された強力な軍隊によって鎮圧されてしまった。

このディポ－ネゴロの反乱によって、オランダ政府は一万五千の兵と二千万グルデンの戦費を失う大損害を蒙《こうむ》った。財政建て直しのために、オランダが期待したのはインドネシア諸島からの収入である。

**「強制栽培制度」で潤《うるお》う**

一八三〇年、総督として赴任したファン・デン・ボッシュは、本国の財政困難を救うためとして、「強制栽培制度」をジャワ島で実施した。これは水田に従事していた農民に、その米作地の五分の一にジャワのオランダ政庁指定の作物を強制的に栽培させ、政庁の指定する低い価格で買い上げるというものであった。

農民でない者には六十日間の労役を課したが、不平・不満をいう者は牢屋に収監した。おとなしい住民たちは政庁の命令に従ったが、稲作用の土地と水田耕作者が減少したため、やがてジャワ全土が飢饉《ききん》に陥り、住民は悲惨な生活に追い込まれた。

そして米作の代わりに栽培させられた農産品は、コーヒー、サトウキビ、ラン、胡椒《こしょう》、タバコ、肉桂などであるが、これらはすべて本国に送られ、ヨーロッパ諸国に高値で販売されたため、オランダの財政は潤《うるお》った。

ナポレオン戦争のために、植民地からの輸入が途絶えがちだったヨーロッパ諸国では、胡椒や砂糖、タバコなどを争って高値でも購入したし、日本からは安い銀で交換した金や、陶器類などもオランダが独占的に権利を握っていたため、ナポレオン戦争後のオランダは、有数の富裕国家に転じることができた。

それでも、現地住民はネゴロの反乱以降、目立った反乱などを行わず、おとなしくオランダ人の管理・支配に従っていたのである。

現地住民の王朝を武力で倒したあと住民を支配したオランダは、徹底して搾取《さくしゅ》を行ったわけであるが、ジャワにある政庁では住民を駆りだしてオランダ人役人などの仕事に無給で使役し、不平をいう者は他の島に送りだして奴隷として農作業に従事させた。

政庁の高級役人の食事なども現地住民に料理させたが、でき上がった料理の給仕は若い現地の娘たちに一品ずつテーブルに運ばせて優雅に食事をしていた。

本国の財政は潤ったが、やがてジャワの原住民が飢餓状態にあることを知った本国では、ファン・デン・ボッシュの強制栽培制度に批判が集まり、帰国した後に彼は批判に耐えず自殺をした。

## 五――恨《うら》みと復讐《ふくしゅう》心こそ本質

### 負ければ復讐、勝てば封じ込め

洋の東西を問わず大陸の遊牧系民族は、異民族を征服するにあたって武力を使用して屈服させるが、それだけに彼らは被支配民族からの反乱や復讐を極度に恐れた。そのために過酷な統治の厳しい法律を作り、反抗する者は牢獄《ろうごく》に入れ、反乱を企てる者は極刑に処し、その家族は奴隷として一般社会から抹殺《まっさつ》した。

被支配者の復讐を防ぐために、勝者となった側が徹底して敗者を抑えつける手段をとったのは、遊牧民国家では洋の東西を問わず同じであった。ローマ帝国しかり、ペルシア帝国しかり、秦帝国しかりである。

十五世紀になって大航海時代が開けると、スペイン、ポルトガルをはじめ、英国、フランス、オランダなどの海洋国家が世界中に乗りだしたが、植民地形成の過程で白人に反抗した民族や部族は、見せしめのために虐殺や過酷な重労働が課せられ、あるいはセックス奴隷にしたり牢獄に繋ぐなどして、二度と白人に反抗しないように独立心を喪失させて屈服させていった。

中南米にはアステカに三千万人、マヤに二千万人、インカには二千万人、北米地域には二千万人などの原住民が居住していたが、大量虐殺や天然痘、ハシカなどのウイルスなどによっても激減し、純粋の原住民はほとんど姿を消してしまった。

アフリカ人の場合は、皮膚が黒かったばかりに白人のみならず、黄色人などからも差別と虐待を受けてきた歴史がある。

アフリカから綿花収穫のために米国に売られてきた黒人奴隷も、人間として扱われず反抗すれば厳しい拷問《ごうもん》や虐待《ぎゃくたい》を受け、それでも反抗する者は容赦なく殺戮《さつりく》された。

中国の戦国時代には越王が「臥薪嘗胆《がしんしょうたん》」をして復讐を成し遂げた話は有名であるし、チンギス＝ハンが自国の隊商が皆殺しにあったことを怒り、ホラズム王国の国王から人民に至るすべての生きとし生けるものを殺戮してしまったのも歴史的事実である。

## ソ連承認で復讐を果たしたドイツ

欧州における復讐合戦はドイツ人とフランス人との間で、数百年間にわたって行われてきた。ドイツ人とフランス人は第二次世界大戦を境にしてようやく和解をしたが、なぜ、両民族が長い間対立をしたかというと、ドイツは神聖ローマ帝国の時代から中央集権体制がとれず、封建諸侯によって分割されていた。このため各領邦国の力は弱く、常に強大な隣国フランスからの干渉を受けてきた。

一方、フランスは英国を百年戦争で大陸から追いだして以来、強力な中央集権体制による統一国家となり、英国との覇権《はけん》を欧州と海外で争うほど強大となった。

このため、フランスは弱小のドイツ諸侯に干渉し、同盟関係や王族の結婚などを通して支配権を強めていた。

ところが、十九世紀の中葉にプロイセン王国にビスマルク首相が出ると、彼はたちまちドイツ民族を統一して普仏戦争でフランスを破り、「ドイツ帝国」を作り上げてフランスからアルザス・ロレーヌ地方を奪還した。

しかし、ドイツは第一次世界大戦で米英仏伊などの連合軍に破れると、フランスの徹底した賠償金取り立てと、軍事力削減政策によって手も足も出ないほどに抑えられてしまった。

ところが、一九二二年、すべての戦争参加国がイタリアのジェノアで「賠償金をめぐる経済会議」を開催した時、ドイツは国交のなかった共産主義国ソ連と突如「ラパロ条約」を締結し、連合諸国を驚かせた。

条約そのものは、独ソの国交を回復することと、相互に戦争賠償金を放棄するというものであったが、実はこの条約には連合国の知らない「付属秘密議定書」があった。それは、「ドイツ国内で禁止された陸・海・空軍の兵器開発をソ連国内で行うこと」と、「ソ連軍の養成訓練にドイツ軍将校を派遣すること」の二点であった。

ドイツは当時シュトレーゼマン首相の時代であり、史上もっとも民主的なワイマール憲法を制定したばかりの時代であった。嘘《うそ》と騙《だま》しのテクニックを駆使するヒトラーはまだ獄中にあった時期であるが、すでにドイツ人は連合諸国に対して復讐のための謀略を練り、連合国が毛嫌いして相手にしなかった共産主義国・ソ連を承認することによって、あたかもドイツをソ連側陣営に立たせる危惧を抱かせた。

さらに、賠償問題で執拗《しつよう》に迫る連合国に対し、ソ連と相互放棄することを決めることによって、ドイツに課せられた天文学的賠償額の減額を求めた。シュトレーゼマンは、一九二六年に欧州の平和に貢献したとして、ノーベル平和賞を受賞しているが、内心ではラパロ条約で連合国を欺《あざむ》いたことで、してやったりと思っていたかもしれない。

## 「過去のことは水に流さない」

一方、日露戦争で大敗を喫した遊牧民のロシアはソ連になっても恨みを忘れずに、第二次世界大戦後、六十万人の日本人をシベリアに抑留して過酷な重労働を課すという復讐を行い、北方領土も決して返そうとしていない。

また日米戦争で、日本軍のために手痛い反撃を被った遊牧民国家の米国は、原爆を投下したり無差別爆撃を繰り返しただけでなく、戦争終結後の「ニューヨーク・タイムズ」紙社説で「米国はようやく怪獣の日本を倒すことができたが、この怪獣はまだまだ牙と爪がしっかりしているから、占領政策を通して完全にこれらを抜き取る必要がある」と提言しているのである。

中国人や韓国人、北朝鮮人は、日本との戦争行為よりも中華民族や小中華民族に対して、野蛮《やばん》人と考えていた日本人から侮辱《ぶじょく》を受け、あるいは植民地支配を恨んでいるために、日本に対して異常ともいえる徹底的な「復讐行為」を現在も行ってきている。竹島の占領や尖閣《せんかく》諸島の領有宣言なども、復讐行為の一環である。

余談ながら、ヨーロッパや中南米あるいは中近東諸国を旅行すると、「日本はいつ核兵器を保有して米国に復讐戦を仕掛けるのか」と真面目に質問してくる人々に出会って面食らうことがしばしばある。

数千年間にわたって戦争と復讐に明け暮れてきた歴史をもつ人たちにすれば、やられたら必ず復讐するというのが当然の民族感情だからである。日本人のように、過去のことは水に流すなどという民族はまずいないのである。

日本の外交官は、こうした民族的資質を正確に把握したうえで、各国との外交を展開しなければならないが、現在の外交官でこうした知識と認識をもって外交折衝にあたっている者は、残念ながらほとんど見当たらない。

## 「犯罪国家」という烙印《らくいん》を日本に

米国はパールハーバー事件をきっかけとして、いざ日本と戦争をしてみると、それまでの白人国家や有色人種国家と異なって、日本は圧倒的強さを示し、米軍が欧州戦線で被った数倍の損害を出した。

このため、米国政府は日本を占領した時、二度と再び日本が強い国家に復することの危険を察知し、苛酷な復讐裁判である「東京裁判」を行って、日本人の精神力と誇り、名誉、国家への忠誠心などを徹底的に奪い、日本国民に犯罪国家という烙印《らくいん》を押す戦略を立てた。

これが米国でさえも採用できない「理想的憲法」の押しつけであり、占領政策の非難を封じる「三十項目の検閲基準」であり、とどめが「東京裁判」と「公職追放」であった。少しでも米国やソ連、中国、朝鮮など連合国の悪口を言うものは、ただちにGHQに逮捕され職を奪われた。白人国家による日本人への復讐であった。

戦時中からの悲惨な生活を終えて、再建活動に乗りだそうとしていた日本人にとって、職

## 占領軍の対日（政府、新聞）検閲基準（禁止30項目）

［昭和21年11月25日］

1）SCAP（連合国最高司令官）に対する批判、2）極東軍事裁判（東京裁判）に対する批判、3）SCAPが日本国憲法を起草したことに対する批判、4）検閲制度への言及、5）合衆国に対する批判、6）ソ連に対する批判、7）英国に対する批判、8）朝鮮人に対する批判、9）中国に対する批判、10）他の連合国に対する批判、11）連合国一般に対する批判、12）満州における日本人取り扱いについての批判、13）連合国の戦前の政策に対する批判、14）第3次世界大戦への言及、15）ソ連対西側諸国の「冷戦」に関する言及、16）戦争擁護の宣伝、17）神国日本の宣伝、18）軍国主義の宣伝、19）民族主義（国家主義）の宣伝、20）大東亜共栄圏の宣伝、21）その他の宣伝、22）戦争犯罪人の正当化および擁護、23）占領軍兵士と日本女性との交渉、24）闇市の状況、25）占領軍隊に対する批判、26）飢餓の誇張、27）暴力と不穏の行動の煽動、28）虚偽の報道、29）SCAPまたは地方軍政部に対する不適切な言及、30）解禁されていない報道の公表

を奪われることは一家の死を意味することであったから、生き抜くためにはＧＨＱの言論統制や占領軍の傲《ごう》慢《まん》不《ふ》遜《そん》な態度に対して迎合せざるをえなかった。迎合者によって編纂《へんさん》された歴史教科書が、日本人から完全に骨を抜き取る働きをするとは夢にも思わず、せっせと米国、ソ連、中国、韓国、北朝鮮が喜ぶ内容を書き続けた。

この東京裁判では、「南京虐殺事件」が捏造《ねつぞう》され、ＡＢＣなどとランクを付された戦犯が決定されたが、こうした一連の政策は小中高の歴史教科書に必ず記載するよう強制され、徹底した反日、反国家の歴史教育が施された。

特に、戦前、陸軍の横暴に苛《いじ》められた官僚・学者・マスコミは、この占領政策に飛びつき、制限された以上に積極的に日本の歴史をＧＨＱが喜ぶように歪曲《わいきょく》し、日本という国家と日本人という民族がいかに罪深

いかを懸命に子どもたちに説いてきた。

こうした「東京裁判史観」は、敗戦後の日本人の気持ちを一気に贖罪感情と自虐史観でいっぱいにさせたことは事実である。それだけ日本人はナイーヴにできている民族ともいえるが、過去五百年間にわたって植民地を保持してきた欧米露など、白人国家が有色人種に対して行ってきた侵略、略奪、支配、暴行、強制労働、強制連行、強制徴兵、レイプ、奴隷化、言語強制、宗教強制、人種差別などを、決して取り上げて教科書に記述したり、批判しようとはしていない。

日本人のみならず、中華文明絶対と考えている中国人や韓国人、北朝鮮人も、白人国家に対してだけは、彼らが日本に対して抱いているような恨《うら》み辛《つら》みを表面立っては表明していないうえに、阿片戦争以来の被害を補償せよなどとは交渉もしていない。

余談ながら、二〇〇四年の一月から米国がテロ対策として、米国の国際空港に到着する外国人の顔写真撮影と指紋採取をはじめたことに対し、ブラジルはリオデジャネイロ国際空港で、米国人だけを対象として米国と同じ措置を取りはじめた。

これに対して在ブラジル米国大使館は、ただちに抗議声明を出したが、まさに遊牧民の面《めん》目躍如《ぼくやくじょ》といったところである。

もちろん、このようなささいなことで米・ブラジル関係が悪化して、外交関係が断絶するなどとはブラジルも米国も思ってはいない。

だが、外交は取引であり駆け引きであると同時に、国内政策への配慮もあるから、ブラジル政府は、あえてこうした行為に踏み切ったといえる。

あとは外交官の腕次第で、米国は今後、ささいな問題も事前に了解を取りつける相手国のリストに、ブラジルを加えることになろう。

遊牧民の資質で特徴的なのは決して自らの負けを認めず、したがって譲歩をしないことである。譲歩を負けと考える深層心理がある。そして負けないために修辞学や詭弁《きべん》が発達したといえるし、取引が行われることになる。

# 第三章　日本外交と遊牧民外交の特徴

## 一――外交の本質とは

### 形を変えた商取引

外交とは、究極的には戦争をせずにいかに自国の国益を相手国に認めさせせるかの交渉術であるが、平たくいえば「取引（Give and Take）」であり、「駆け引き」なのである。そして駆け引きの手段として「脅《おど》し」、「嘘《うそ》」、「騙《だま》し」、「嬲《なぶ》り」、「弄《もてあそ》び」、「強請《ゆすり》」、「不誠実」、「煽《あお》り」、「怯《おび》えさせる」などのような〔マイナス要素〕のみならず、「誠実さ」、「正直さ」、「おだて」、「へつらい」、「褒《ほ》め」、「信頼」、「譲歩《じょうほ》」などのような〔プラス要素〕も交えて相手を説得する。

いうまでもなく、商《あきな》いは損得勘定に基づいて行う取引であるから、常に利害打算に基づいて行われている。相手が強硬の場合には、大手搦手《からめ》から商談を進め、相手に弱点を見出せば、すかさずそこに付け入る術を心得ている。

「ユダヤ商人」とか「アラビア商人」という言い方、つまり「〜商人」という言葉の前にくる民族名は、こうした駆け引きの技術で高く評価されるから付けられるわけである。

駆け引きや取引の上手な商人として、古くはフェニキア商人、ギリシャ商人、ソグド（ペルシア）商人にはじまり、その後は中国商人（華僑）、アラビア商人、アルメニア商人、トルコ商人、シリア商人、レバノン商人、ユダヤ商人、エジプト商人、リビア商人、モロッコ商人、イタリア商人、オランダ商人、ベルギー商人、イギリス商人、スペイン商人、ポルトガル商人、ロシア商人、グルジア商人、ポーランド商人、アメリカ商人などが有名である。いわば欧亜に跨《また》がる大陸の遊牧系商人たちである。

彼らは商談にあたっては、小出しに自分の要求を出しながら相手の反応を見つつ、可能な限り相手に譲歩を迫り利益を得る方法をとる。押さば引き、引かば押すというタイミングをよく知っており、決して損をしない取引を行う。

小出し外交の典型は、現在の北朝鮮政府が米国に対して出している要求の数々を見れば明らかである。また英国は米国とは緊密な同盟関係にあるとはいっても、レーガン政権の時代に米国がリビアに空爆を実施する際に英国の軍事基地を使用する代わりに、経済面での譲歩を引きださせているし、二〇〇三年三月のイラク攻撃に際しては、フランスやイタリア、そしてトルコも自国上空を米軍機が通過する代わりの政治的・経済的条件を出して米国に呑み込ませている。

北朝鮮の不審船を日本が撃沈した場所が中国経済水域内であったために、沈没船の引き揚げには中国の許可を必要としたが、日本の足元を見た中国は日本に対して漁獲料金の補償を求めてチャッカリと利益を得ている。

それゆえ、「外交は手段を変えた商売である」という認識をもつ必要があり、損益のバランスさえ保つことができればよいというのが遊牧系国家の考え方である。

### 外交交渉術は三つある

外交は言葉や習慣、歴史や宗教などの全く異なる相手との交渉であるから、外交官はまず、相手国の言葉・伝統・歴史・宗教・文化などを深く知る必要がある上に、交渉の対象者である相手個人の生活信条や履歴あるいは趣味などといったごく個人的な情報も、しっかりと把握《はあく》しておかねばならないことはいうまでもない。

なぜなら、外交は国家と国家との折衝《せっしょう》ではあるが、その関係は結局のところ人と人との交渉で決まるからである。

このため、外交交渉に臨む者はさまざまな技術と独創力・指導力・決断力などが要求される。自国の要求を相手に受け入れさせるのに必要とされる技術は基本的に三つあるが、第一に必要とされるのは、**合理的な理屈で相手を説得する方法**である。そのためには正確な資料と同時に、国際法や条約の精神、キーポイントとなる部分を頭に叩き込んでおく必要があるのはいうまでもない。

第二に、**相手の損得勘定に訴えるやり方**である。なぜなら、外交とはGive and Take（ギブ・アンド・テイク）、つまり取引でもあるということは前述した通りである。相手の要求を呑む代わりに、それ以上の要求を相手側に呑ませる技術が要求される。

第三に必要なことは、**相手を脅して譲歩させるやり方**である。国家間での交渉（話し合い）は、常に平和的な話し合いで決着するとは限らない。否むしろ外交交渉において、話し合いで決着するのは、簡単な問題だけであり、複雑な問題や国益にかかわる重要な外交案件の場合には、武力を背景とした交渉でなければ解決しえないケースが多い。

そのためにこそ、どこの国でも軍事力を常に充実することを心掛けるのである。

このことは、国連安保理に所属する五つの常任理事国のすべてが、核兵器や弾道ミサイルなどを保有していることからも明らかである。

日本の場合は、憲法によって戦うことを禁止されているし、集団的自衛権の行使もできない政策をとっているから、外交交渉に軍事力を使うことができない。

第二次世界大戦後の日本は、こと安全保障の問題に関してはすべて米国任せという国家体質が戦後六十年近くも続いてきた結果、日本の外交官は軍事問題や安全保障にかかわる問題からは一切逃避をしてきた。つまり、外交交渉術の第三の方法「相手を脅して譲歩させる」

を放棄《ほうき》してきたのである。

## 戦前よりみじめな日本の「外交」

もともと、大陸諸国との交流がなく外交の経験に乏しい日本人は、外交の本質というものを全く理解しないまま国際舞台へ躍りでてしまったために、交渉で巧みな外交や、したたかな外交といえるような経験を積み上げてきていない。

たとえば、豊臣秀吉《とよとみひでよし》は国内では見事な外交交渉術で相手を翻弄《ほんろう》し、あるいは自家薬籠《じかやくろう》中のものとして成功させるが、朝鮮や明国との交渉になると、日本人を相手としたような交渉術が全く通用しなかった。

幕末期に日本へやってきた欧米諸国の外交官からすれば、日本人の交渉術は他の遊牧民と違って極めて幼稚なものであり、やりやすかったに違いない。ただし、彼ら外国人が恐れ敬意を払ったのは、唯一、武士道精神から発露される勇気と誠の精神であり、これが日本外交をかろうじて支えることになった。

明治維新後、最初の外交は一八六九年に宗重正《そうしげまさ》を朝鮮に派遣して通好を求めるものであったが、事大主義に固まる朝鮮からは相手にされず、逆に罵倒《ばとう》されて追い返される状態が六年間も続いた。次に一八七一年には岩倉具視《いわくらともみ》の大使節団が、幕末、列強との間に締結した不平等条約（一八五四年）を正常に復すべく、条約改正交渉のために欧米諸国へ派遣されたが、近代社会の現状を目のあたりにして驚愕《きょうがく》し交渉そっちのけで見学するに止まった。

日本が平等に戻すことができたのは、不平等条約（領事裁判権、関税自主権）のうち、まず領事裁判権（法的権利）の回復が一八九四年であるから四十年間かかり、関税自主権（経済的権利）に至っては一九一一年まで五十七年間かかっている。

それでも欧米列強が日本との不平等条約を解消したのは、外交交渉の成果ではなく、国家が近代化され清国やロシアを破る実力が認められたからであった。

日露間に戦争勃発の気運が出ると、日本はロシア帝国の内部を攪乱《かくらん》するために、明石元二郎《あかしもとじろう》・陸軍大佐に百二十万円をもたせて欧州に派遣し、反ロシア勢力やロシアからの独立を目指す組織の支援を行った。

しかし、明石大佐は反ロシア組織の長を紹介してもらうと、持参の軍資金をそっくり預け、内部攪乱を依頼した。相手の人柄を信頼した明石大佐は、条件を何一つつけずすべてを任せ、結果的に成功をしたが、いわば腹芸外交を行ったといえよう。

二十世紀に入ってからは、日本はもっぱら米国との外交交渉が頻度《ひんど》を増すが、米国によるハワイ併合、在米日系人の移民問題、ワシントン海軍軍縮条約、満州事変後のスティムソン・ドクトリン、リットン報告書、日米交渉と続く一連の外交交渉では、常に米国外交に翻弄され続け、最後はハル・ノートまで突きつけられて、米国の罠《わな》に嵌《はま》ってしまった。

戦後の外交は、日本が軍事力の行使を破棄《はき》したために、戦前よりも一層みじめな外交となっており、周辺諸国からは常に脅されたり、干渉されたり領土さえも返してもらえていない。戦前までの外交官は、腹芸だけでなく国家を背負って立つ気構えがあったが、現在の外交官には、それさえもない。

### 外交に失敗したら腹を切る覚悟を

本来外交を担当する者は、命がけで交渉を行う覚悟と決心が必要なのである。もしも交渉が不調に終わって国家の名誉や威信、そして国益を損なう結果となった場合には、職を辞すくらいの気構えがなければ外交官としては失格である。

日本の外務省にはキャリアといわれる高級外交官とノンキャリアといわれる外交官がいるが、厳しい危険な現地を飛び回るのは、ノンキャリア外交官が圧倒的に多く、たまにキャリアもいるが現場を歩くキャリア外交官は主流派ではなく、出世街道から逸《そ》れた人物に任せられる。二〇〇三年秋に、イラクで殉職《じゅんしょく》した奥大使や井ノ上一等書記官はまさに、この典型的な人たちであった。

日本と北朝鮮との正常化交渉が二〇〇二年秋からはじまっているが、この交渉の場に出てくる北朝鮮の代表者は、もしも自国の主張が通らずに妥結した場合には、彼ら外交官は職を失うのみならず刑務所に投獄されたり、家族は強制収容所に入れられて一般社会から抹殺《まっさつ》される運命にある。

下手をすれば、交渉失敗者は秘密のうちに死刑とされてしまうのである。いきおい交渉に臨む気構えは、能天気な日本の外交官とは雲泥《うんでい》の差である。

日本の外交官が北朝鮮や中国との外交交渉で、国益が損なわれるような交渉をした場合、自ら辞任を申し出た外交官はこれまで一人としていなかったことを見ても明らかである。

## 二――外交は単に政治技術の一つ

### 均一化された社会と地理的事情

そもそも外交とは「最小のリスクで最大の効果を上げる政治技術」なのである。古代中国においては二千五百年前の春秋時代、戦国時代から、すでに外交技術が発達し外交専門家を多く輩出して同盟関係や遠交近攻策、はては合従連衡策などを生みだしたことはよく知られている通りである。

一方、ヨーロッパでも小国の外交としてマキャベリのような人物も出たが、近代国際社会が形成された一六四八年以降、近代国家の国益を背負って各国で優秀な外交官が誕生した。それは金のかかる軍事力行使よりも舌先三寸で自国の国益を獲得する外交（話し合い）術が脚光を浴び、磨きがかけられていったからである。

なぜ、欧州大陸や中国大陸で外交術が発達したのかといえば、国土面積が日本の数十倍ある欧州にしても、二十五倍もある中国にしても、これらの地域は人種的、思想的にほぼ均一化された社会であるうえに、陸続きで繋がっているという地理的事情があったからである。

つまり同じ領域で国境を接する国家の場合は、戦いよりもまず外交が重要なウエイトを占めるのは必然的な結果でもあった。だが重要なことは、彼ら大陸民族は外交というものを、日本人が考えるように大げさには捉えておらず、単に政治技術の一つとしてしか考えていないのである。

すなわち、外交が政治技術の一つと見なされるためには、国民の誰が見ても自国と他国とが比較しやすい状況になければならない。

## 欧州大陸も中国大陸も均一社会

たとえば近代国際社会が成立したヨーロッパ地域においては、民族こそアングロ・サクソン、ゲルマン、ラテン、スラブ、ギリシャ民族などと異なる呼称がついているが、同じ白人種であり、牛・羊・豚・鶏を食して馬に乗り、思想的には一神教であるキリスト教から分立したカトリック、プロテスタント、ギリシャ正教などを奉じ、聖書を読んで洗礼の習慣ももっていた。

さらに言語的にもフランス語、イタリア語、スペイン語、ポルトガル語、ギリシャ語、ゲルマン語、英語、スラブ語、ケルト語のように分かれてはいるが、その基はインド・ヨーロッパ語に属しているギリシャ語やラテン語で、もともとは同根である。

このため、ヨーロッパ社会では、コミュニケーションにそれほど大きなハンディキャップはなかった。ヨーロッパ全域を見ても、その社会体制は議会制民主主義に基づく共和制や王制で、比較は容易である。

一方、春秋戦国時代の中国を見ればわかるように、戦国の七雄といわれた秦、楚、斉、燕、韓、趙、魏は、文明の進展度や民族もしくは部族こそ違ってはいたが、同じ黄色人種であり、目の色、髪の色も黒いうえに同じ遊牧民出身であり、同じ漢字を使ってコミュニケーションをとり、さらに社会制度もほぼ同質の封建制であったうえに、思想的にも儒教の説く忠君孝親が中国全土に広まっていた時代であった。

現在の東アジア諸国の社会体制を見ても、日本などの島嶼国家を除けば、共産主義や民主主義など体制こそ異なるものの、同一の黄色人種であり儒教思想や仏教思想なども根強く残っている社会である。

そのうえ、これまで四千年間近く歴代中華帝国の属国として支配と被支配の関係にあり、地続きのために交流は頻繁《ひんぱん》に行われてきた。

### 武力行使の前にまず話し合い

さらに中東地域においても人種的にみると、ハム族のエジプト人のほかはアラブ人にしてもユダヤ人にしても同じセム族であり、もともとは同じ民族である。ペルシア帝国を建設したペルシア人はインド・ヨーロッパ語族であるが、ハム族にしてもセム族にしても、ペルシア人にしても白人種である。

また思想的にも、イスラム教を奉じるカリフ体制やスルタン制度の下、封建システムが確立して千四百年以上を経過したが、現在の中東諸国の社会体制は、イスラム教に基づくゆるい民主主義を敷いた共和制や王制の国家から成り立っている。

中東地域の言語も、セム語系統のアラビア語、ヘブライ語は同じであり、ハム語族のエジプト語もセム・ハム語族に属する。イスラムの中心であるアラブ語とペルシア語は言語的にも近いうえに、意思の疎通も「コーラン」によってコミュニケーションができるという便利さがある。

このように欧州、中東、東アジアの三地域は、人種的、社会体制的、思想的にほぼ共通した文化を共有していたために、武力行使の以前にまず話し合い（外交）や取引を行う方法が政治技術として発達してきた。

したがって外交交渉が決裂した場合にはじめて武力衝突が発生したが、外交における過去の成功・失敗の事例や教訓は積み重ねられ、外交上の公理といったようなものが導きだされるようになった。

もちろん、全く異なる文化地域同士が境界を接する場合には、外交よりもまず武力が優先され、相手を滅亡させるまで激しい戦いが行われてきたことは歴史が証明している。

たとえば十字軍とアラブ軍団の衝突が繰り返されたし、唐帝国とサラセン帝国もタラス河畔で大激突を行っている。また、白人種のロシア帝国と黄色人種の清帝国も何度も国境で軍事衝突を繰り返してきた。

## 三——プラス面しか出せない日本外交

### 二千年間外交経験のなかった日本

四周を海に囲まれ、いわば孤絶した地理的環境にあった日本は、幕末まで外交といえるような交渉を外国と行うことはなかった。ペリーの砲艦外交によって、はじめて国際法上の「外交」に接したわけである。

もちろんペリーの出身地である米国社会とは、思想的にも社会体制的にも人種的にも全く異なっていたから、日本人の受けたショックは想像にあまりあるが、経験不足の日本人は異国人との接触において、まさにプラス的要素である「誠実」と「正義」、「阿《おもね》り」、「へつらい」、「正直」そして「信頼」と「譲歩」を行い、マイナス要素を駆使する外交交渉はできなかった。つまり、大陸国家のように外交を政治技術の一つと考えなかったからである。

外交のみならず、商売においても日本人全体が欧米列強に脅《おど》され、騙《だま》され、強請《ゆす》られるケースが多かった。

江戸時代の鎖国体制の中にあってオランダや中国との貿易においても、幕府も商人も商売の面で彼らに騙され続け、あるいは脅されたり強請られて商売を行ってきた。日本が海外へ流出した金銀銅や財宝・歴史的財産は無数にあったが、国際情勢を知らなかった日本人商人はいいように騙され続けた。それでも幕府が交易を続けたのは独占による利益が大きかったからである。

だが、オランダ商人にしても中国商人にしても、江戸幕府の数倍から数十倍もの利益を上げていたことは、諸資料によって明らかである。

その後、日本人は欧米から外交には「脅し」も必要であるというテクニックを学び、そのための軍事力に力を入れた結果、日清・日露の戦いで勝利を収めることはできたが、軍事力増強を信奉しすぎ、外交技術を学び取る努力を怠《おこた》ってしまった。

戦後は一転して軍事力を放棄した平和主義外交を追求するようなGHQの謀略に嵌《はま》った結果、外交は幕末期の外交と変わらない「誠実」、「正直」、「信頼」、「譲歩」、「へつらい」、「阿り」といったプラス要素の交渉しかできなくなってしまった。加えて、すぐに相手に「謝罪」するという自虐的外交路線まで作り上げてしまっている。

## 交渉に詰まると飛躍する日本外交

外交経験のない日本は、もっぱらプラス要素のみで外交交渉を進めると述べたが、当然ながらマイナス要素を使わない交渉では、常に脅され、騙され、強請られるが、その結果、譲歩ぐらいで交渉が妥結すればよいが、事はそんなにうまく運ばず、手持ちの駒がすぐになくなってしまう。

こうして行き詰まると、日本外交は突然飛躍した思考に陥ってしまい、非現実的な対応や国際社会が呑み込めそうもない突飛な行動をとってしまう。

戦前では、交渉に行き詰まると「征韓論」が飛びだし、苦労して獲得した朝鮮や満州は「日本の生命線」として位置づけられ、第一次世界大戦後のベルサイユ会議では「人種平等論」を提唱して列強から一蹴《いっしゅう》された。

さらに米国との交渉が行き詰まると、ABCDラインに包囲されたとして、これを跳ね返すべく「日独伊三国軍事同盟」を打ちだした。

戦後は「憲法改正絶対反対」、「非核三原則」、「武器輸出三原則」、「平和都市宣言」などの、崇高で理想的ではあっても非現実的な政策を打ち出し、国際社会をびっくりさせて一人悦に入る外交を展開してきた。

「憲法」などは時代や世界情勢の変化によって、どこの国でも修正や改正を行っているが、修正をすることは改悪であると思い込んでしまう。戦後の日米同盟では米国がソ連や中国の核兵器を抑止してくれているのにもかかわらず、核兵器装備の米艦船の寄港に反対するなどの対応を、堂々と行ってきている。

　武器輸出三原則の結果は、日本の防衛産業を衰退に追い込み、武器の大半を米国に依存している日本は、一朝事あって日米関係が悪化すれば、その日のうちから米国製部品が入手できなくなり、米国の要求に屈しなければならない事態が生起するのであるが、全くその認識がない。

「平和都市宣言」に至っては、まさに噴飯ものである。平和という言葉を冠しておけば戦争は絶対起きないと信じているようであるが、北朝鮮の金正日はそんなことにお構いなく、平気でノドンやテポドンを日本の都市に打ち込む姿勢を見せているのである。ともあれ日本は、「諸国民の公正と信義に信頼」して、国際外交を進めているのであるから、遊牧民の大陸国家にすれば、極めて扱いやすい国家になっている。

　二〇〇四年一月にイランで大規模な地震が発生し、三万五千人もの住民が死亡したことが伝えられたが、イラン政府は、地震の経験国・日本に社会資本の復興援助を要請してきた。

　もちろん、人道支援として日本も協力にやぶさかではないが、ほんの少し前までイランは自国の石油利権を日本には与えず、他国に与える決定までちらつかせて日本を揺さぶっていた国であり、そうしたことは噯気《おくび》にも出さずに地震国・日本の技術支援をチャッカリと依頼しているのである。要するに利用だけされているのが現在の日本外交である。

## 四――実態のない「国連」に憧れる

### 国連万能・国連絶対の誤った認識

日本外交は戦後になると、一転して平和主義に立脚した路線を進んだことは間違いではなかったが、問題は現実面での認識を忘れた「平和主義」のため、国際社会からは浮いた存在となってしまったことである。

とりわけ、サンフランシスコ講和条約の締結によって、占領から脱して独立国となり国際社会へ復帰することになったが、国際連盟から名前を変えてできた組織を「国際連合」と訳したことである。

だが、左の図を参照すればわかるように、国連常任理事国である五ヵ国での表現は「連合国」であって、「国際」などという言葉はついていない。

英語名では「United Nations」であるから、これの訳は「諸国連合か連合諸国」が妥当なはずである。このことは戦前の国際連盟についてもいえることで、「League of Nations」

であれば「諸国連盟」くらいの訳が正しいのであるが、外務省が採用した日本語訳には、いずれも「国際」という形容詞を冠していた。

そして、このことが日本人の国際社会に対する認識を誤らせる一因にもなってきた。戦前は、日本が五大国の一つになれたという自尊心と名誉心をくすぐり、戦後は世界中の良心が集まって運営されている組織という誤った認識に基づく憧れを抱くようになってしまっている。

**主要国で表記されている国際連合の名称**

英語：United Nations
仏語：Organisation des Nations Unies
西語：Organización de las Naciones Unidas
露語：Ортанизáция Объединённых Нáций
中国語：联合国
日本：国際連合

つまり戦後の日本人は、国際連合で決定される採決は絶対的に正しく、国際連合に楯突《たてつ》く国は悪者という認識で育ってきた。それゆえ、特に国際連合絶対という認識をもつ人々は、イラク戦争に突入する際の米国の一国主義的態度は、国際社会の良識に反するという非難を浴びせたが、そもそも「国際」という社会そのものが問題であるうえに、世界中の国家が集まっている「国際連合」という組織そのものも問題を抱えている。

イラク戦争に反対したドイツ、フランス、ロシア、中国は、米国の戦争行為そのものよりも、イラクにおける自国国益が失われることを懸念したために、「国連や平和」を前面に打ちだして米国の単独行動を非難したにすぎない。

さらに国連を運営している機構は、無駄金だけを使う多くの委員会ができており、その国連官僚は各国家が送り込んだだけで、国民や国際社会から選挙によって選ばれた者ではないが、国連官僚の権限は一国の大臣と匹敵するほど強大である。

また総会では分担金をほとんど支払っていないような国家にも、分担金を二十五パーセントも負担している米国や、二十パーセントも負担している日本と同じ一票の権利が与えられ、しかも数の多さで押しきるという無謀がまかり通っている社会でもある。

米国では一九九二年に国連大使であったオルブライト女史（後、米国務長官）が、国連の矛盾を鋭く突いていたし、一九九六年にはジェシー・ヘルムズ米上院議員による国連批判が強くなされている。

ところが、外務省はそうした国連の問題点を国内外に提起して改革を促《うなが》すことはせず、もっぱらダンマリを決め込んでいるから、多くの日本国民は国連の実態を知らず、相変わらず国連万能・国連絶対の認識しかない。第一、戦後六十年近くも経つのに、日本は相変わらず敵国として扱われているのである。日本も各国同様に「国際」という文字をはずして「連合国」という名称に改めるべきである。

**日本批判団体に大金を出す外務省**

二〇〇三年二月、外務省管轄下の「国際交流基金（藤井宏昭《ふじいひろあき》理事長）」が、「記憶・和解とアジア太平洋地域の安全保障」と題する連続セミナーを一年間にわたって開始した。

第一回のセミナーはワシントンで開催されたが、セミナー参加者二十数人の学者・研究者は、日本は過去の残虐行為を謝罪、反省していないという非難を続ける中国系や韓国系の学者が主体であった、と参加者の一人である古森義久《こもりよしひさ》・産経新聞編集特別委員が新聞で報告した。

日本人の発表者は古森氏を入れて四人だったが、残り三人は日本の謝罪や賠償がないと批判する橋本明子《はしもとあきこ》・ピッツバーグ大準教授、小泉《こいずみ》首相の靖国参拝を批判している藤原帰一《ふじわらきいち》・東大教授、そして米国人元捕虜の日本側への賠償請求を支持する徳留絹枝《とくどめきぬえ》・在米研究活動家などで、古森氏を除いては徹底した日本批判を展開したという。

しかも日本の戦争関連行為は、ドイツのユダヤ人虐殺のホロコースト（大量虐殺）に等しいという前提が受け入れられ、ドイツ人学者や米国政府機関のホロコースト処理担当者らが「ドイツはきちんと対応したが、日本はしていない」という趣旨の立場を表明したと伝えている。

このセミナーは、日本政府機関が公的資金を出して、日本政府や国民の態度をテーマとする国際的学術会議であるはずなのに、日本政府の立場や謝罪・賠償は済んだとする公的立場の人間を一人も参加させていない偏向ぶりである。

セミナー参加の人選も、主催者である国際交流基金が行ったのではなく、共催者側の「米国社会科学研究評議会」に任せており、日本側の意思は反映できない、と国際交流基金は説明している。

だが、一年間にわたって日米などで開催するセミナー費用や参加者の旅費・滞在費、あるいは最終的にまとめる論文集など、すべての費用は外務省の外郭団体である「国際交流基金」がもつことになっているのである。

### 反日的人物を血税で養う愚

こうした一方的な日本糾弾《きゅうだん》セミナーを、外務省傘下の団体が開催することについて、外務省はなぜ許可したのであろうか。厳しい対日批判を行ってきているセミナー参加者名簿を見れば、どのような対日批判をするかぐらい事前にわかっていたはずである。

それにもかかわらず、何の条件もつけずに対日批判者多数の参加を許可したり、外務省側から責任ある立場の人間を参加させなかったとすれば、外務省は当初から日本を謝罪も賠償もしていない犯罪国家と断罪させるべく、売国奴的日本人と外国人から批判させようと意図した確信犯といってよいであろう。

どこの国に自国の金を払って、自国の悪口をいわせる馬鹿がいるであろうか。この「国際交流基金」の設立目的は、日本が効果的な外交を展開していくためには、諸外国の日本に対する正しい理解を増進していく必要があり、そのために資金を使うということになっている。

二〇〇二年度版「外交青書」によれば、外務省が「国際交流基金」に対して配分している予算は、百五十六億二千八十万円である。このうち展示、公演、国際会議などの催し物への配分は、二〇〇〇年度の事業実績でみると、十一・八パーセントが配分されている。つまり十八億円ほどが、日本を批判したり貶《おとし》める者たちに与えられる計算になる。

これでは外務省は、何のために存在するのか全くわからない。血税を支払っている国民からすれば、外務省などはないほうがマシと思ってしまうであろう。

## 中国に期待しても無理な話

それゆえ、北朝鮮の核開発やノドンの脅威、そして日本人拉致《らち》問題を解決するために、二〇〇三年以来、日・米・露・中・韓・北朝鮮の六ヵ国協議を進めているが、協議は進展しないため日本も米国ももっぱら仲介役の中国に期待をかけている。

だが、中国は日本を永久に北朝鮮と同等かそれ以下に位置づけておきたいと考えているから、中国に拉致問題で期待をかけることははじめから無理である。

ただし、核問題だけは中国は真剣とならざるをえない。中国の見方は、北朝鮮が核を保有すれば、おそらく日本も対抗上核開発に踏み切るであろうし、もしも日本が核開発をすれば、中国の核戦略は根本から崩れるだけでなく、十年を待たずして中国は日本に対して手も足も出せなくなると懸念しているから、何としても北朝鮮の核保有だけはやめさせる必要がある。

だが、拉致問題は別である。なぜなら中国では今も昔も、人身売買のための拉致など国内で平然と行ってきているから、「拉致」を日本人のように大事とは考えていないからである。むしろ北朝鮮が拉致した日本人を人質として利用すれば、北朝鮮は日本から多額の金を取ることができ、そのことは日本経済をさらに弱体化させると見ているから、中国にとっては他国を使った格好の対日弱体政策なのである。

第一、北朝鮮の金正日政権に民主化を促して、人道問題を解決するよう中国に期待しても、中国自身が民主化を妨げる立場にあり、そうしなければ共産党は崩壊してしまうのであるから、土台無理な注文であり希望である。

## 五――冷静さに欠ける日本の新聞

### 危機に陥れるような報道

さらに、日本外交を誤らせるものに日本の一部巨大新聞がある。新聞の役割は読者に「情報」を伝えることのほかに、読者に「叡智《えいち》と良識」を提供して世の中をリードする役割も担わされている。

現在、世界でもっとも質の高い新聞は「ニューヨーク・タイムズ」であるといわれていることは周知の通りである。

「ニューヨーク・タイムズ」の社主であったオックスが生きた時代は、ちょうど、米西戦争(一八九八年)の前後で、スペイン領キューバの独立闘争が激しく燃え上がっていた時期であった。このため、キューバの砂糖産業に対して五千万ドルにおよぶ投資を行っていた米国にすれば、キューバでの騒乱が続けば投資がフイになるという危惧《きぐ》を抱いていた。

折しも米国は在キューバ米国人の保護を目的として、戦艦・メイン号をハバナに送っていたが、このメイン号が謎の爆沈を遂げてしまった。これに対して米国世論はスペインが仕掛けたとして激昂《げっこう》したが、同時に世論を煽《あお》るような新聞が顕《あらわ》れ、センセーショナルな記事を捏《ねっ》造《ぞう》したりして開戦気運を高めていった。これがハーストの新聞「ニューヨーク・ジャーナル」とピュリッツァーの「ニューヨーク・ワールド」新聞であった。

開戦を煽る両新聞の結果、世論に押し切られた米国政府はスペインに宣戦布告をして戦争に勝利をもたらしたが、オックスはこの状況を苦々しい目で見ており、新聞報道は正確かつ迅速《じんそく》であるべきこと、世論を正しくリードする必要ありと認識し、冷静かつ客観的な報道と社説に力を入れてきた。

翻って、日本の新聞を見ると、依然としてセンセーショナリズムや理想主義を追う体質が強く、冷静で客観的かつ現実的な視点に欠けている新聞やマスメディアが多い。

しかも一部の新聞は戦前、軍国主義に加担した報道から百八十度転回して、自虐史観、東京裁判史観で固まった編集者が占めるようになってしまっている。

この結果、流行に左右されるだけでなく、国家の外交まで危機に陥れるような報道を大きく扱う傾向がある。自社編集者の偏向した理想主義を読者に押しつけて世論を作り上げると、さらに先端を走ろうとするために、しばしば反国家的な流れを作りだしていることに気がつかない。

たとえば、首相や閣僚が靖国神社参拝をすると、しつこく「公人としてか私人としてか」

と質問を繰り返し、公人といえば、早速中国政府や韓国政府に通報するとともに、彼ら外国政府のコメントをただちに掲載する。

また政治家がオフレコの約束で記者だけに漏らした内容も、中国や韓国政府を刺激する内容であれば、すかさずご注進におよぶという、節操のない行動を見せる。

## 国益と国家の恥を知る欧米新聞

だが、欧米をはじめ各国の新聞記者は、たとえ自国が他国に対して不利な事件を過去に犯していたとしても、決してその事実を報道などしない。報道すれば当然、外国から謝罪と補償を求められ、国家の名誉を失墜し経済的損害を被るという国益に反する事態を招来することを知っているからである。

たとえば従軍慰安婦問題が過熱した時、筆者はたまたま米国のサンディエゴ市にいたが、この町は米国海軍の一大軍港で多くの海軍軍人を港周辺に散見するし、水兵相手のレストランやバーなどもたくさんある。

ある晩、水兵の集まるバーへ飲みに行った時の話であるが、筆者の周りには多くの退役した老人たちが飲みながら楽しそうに話をしていた。

筆者も日本の話題として従軍慰安婦の話をし、米国人はどう思うかと反応を窺った。する

と、老人の一人が、

「従軍慰安婦などは日本だけでなく、米国もソ連も英国もドイツもオランダも皆、大なり小なりやっていたよ。ただ、米国のマスコミが取り上げないのは、そんなことをしたらアメリカの平和な家庭を破壊するし、第一、米国は世界中に謝罪しなければならないからね」

と発言し、他の大勢の老人たちも、その通りと笑って頷《うなず》いていた。この一事をもってしても、米国人や米国新聞のもつ賢明さが伝わってくるというものである。

二〇〇三年十二月に、イラク支援のために自衛隊の派遣を決定すると、早速、中国や韓国は海外派兵は軍国主義に繋がるとして内政干渉をしてきたが、日本の一部の新聞はこれを大々的に取り上げた。

中国や韓国の批判は、日本の軍事力を懸念してのことであろうが、そもそもこれらの諸国は戦後、日本の領海や領空を侵犯し続け日本固有の領土までも占拠していることを何も反省していない。

なぜ、自衛隊が存在しなければならないかといえば、こうした国際法違反の国家が周辺にいるために国家を防衛する必要があるからであり、もしも中国や韓国、北朝鮮が日本に対して脅威を与えなければ軍事力は不要なのである。

中国や韓国、北朝鮮に公正と信義があるならば、竹島を占領したり、尖閣諸島を勝手に自国領土としたり、日本人を拉致したり、犯罪人を平気で日本に送り込んだり、日本の領海内で海洋調査や観測などをしたりはしないはずである。

日本のマスコミは、この点をこそ中国や韓国、北朝鮮に抗議をし、国民を啓蒙《けいもう》する役割があると思うが、現実には逆に彼らの主張・論調をありがたがって大きく報道し、あたかも自衛隊が海外を侵略するというキャンペーンを中国や韓国、北朝鮮とともに張っている。

## 六――中国、韓国、北朝鮮の異常

### 中華という言葉に異常なプライド

第二次世界大戦が終わり、日本は占領をされたが、一九五一年のサンフランシスコ講和条約を契機として独立を達成し、米国と国交を回復したのを皮切りに、台湾、ソ連、韓国、そして中国とも国交を回復している。

領土問題はともかく、中国も韓国も、そして北朝鮮も異常なまでに日本に対して反日的であり、教育面においても徹底して反日教育を行ってきている。戦後六十年近く経つのに、な

東アジア文化圏の構造（冊封体制）

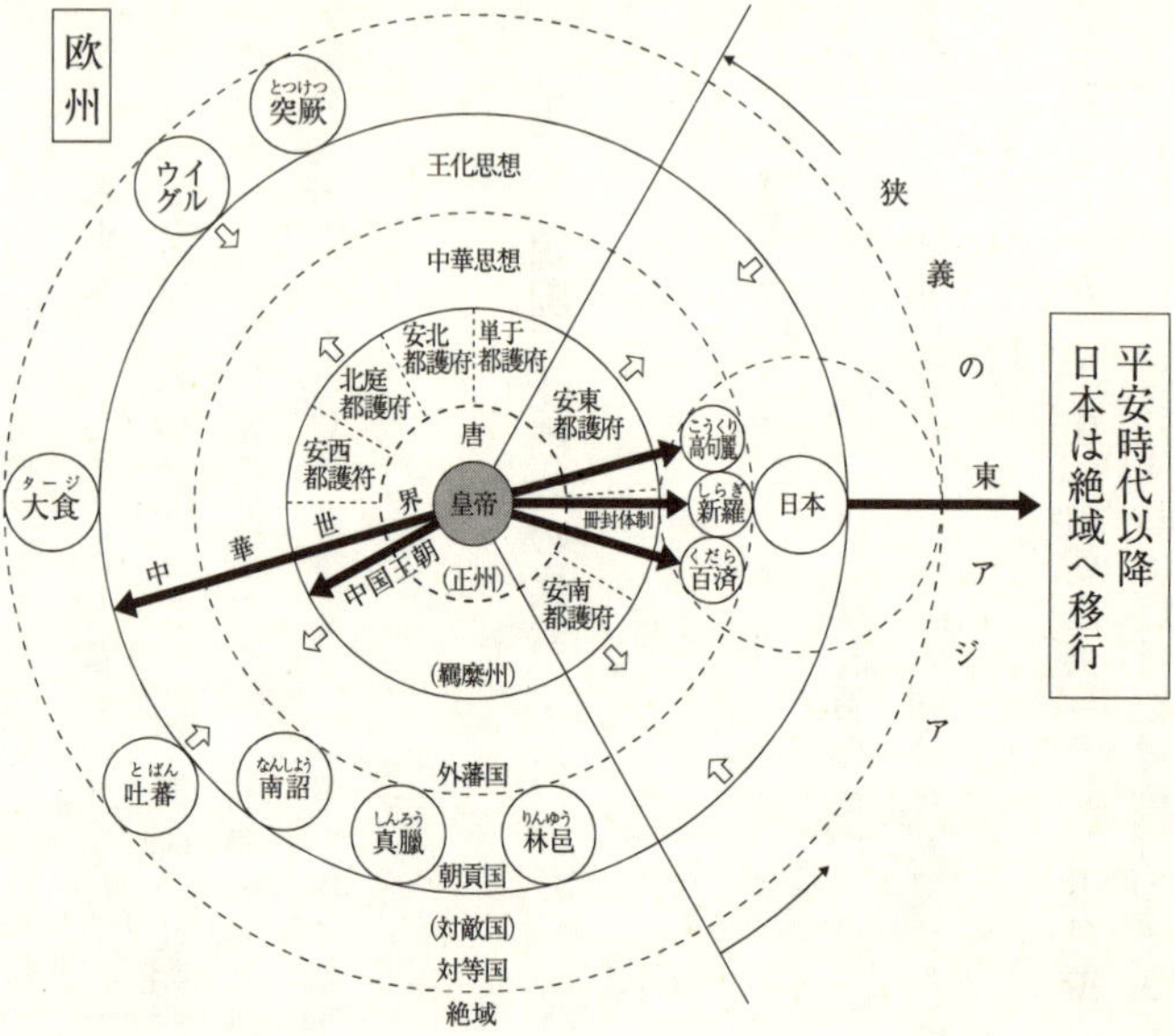


ぜなのかという根本原因を解明したうえで解決しなくては、永遠にこれらの諸国とは表面上だけの似《え》非《せ》友好関係に終わるだけである。まず、反日の理由を考えてみよう。

　中国は過去四千年間にわたって、漢民族と周辺野蛮《やばん》民族との関係を「華夷秩序」として捉え、政治的には「冊封《さくほう》体制」を築いて東アジアの国際関係を律してきたことは前述した通りである。

　この考えは、漢民族の住む土地は気候温暖、物産豊かで華やかな文化的生活を営むことができるが、野蛮人の住む土地は気候風土厳しく痩《や》せているため、満足な生活を営むことができない。それゆえ、漢民族王朝はこれらの野蛮人たちに生活物資や技術あるいは文字などを恵んでやる必要がある。

ただし、漢民族王朝の皇帝に「三跪九叩頭《さんききゅうこうとう》」、つまり野蛮民族の長は漢民族皇帝の前の床に三回跪《ひざまず》き、九回頭を下げればたくさんの土産《みやげ》を夕ダであげるうえに、野蛮人の長に彼らが支配する地域の「国王」や「将軍」とする官位も授けてあげよう、という条件であった。頭さえ下げれば夕ダで土産をたくさんくれるし、官位までもらえるならばと、異民族の長たちは喜んで皇帝の前に跪いた。これが朝貢《ちょうこう》である。

だが漢民族の考えた朝貢には大きな落とし穴があったのであるが、土産物に目が眩《くら》んだ異民族の長たちは気がつかなかった。落とし穴とは、皇帝が土産物や官位を授けることによって異民族の領土を皇帝の領土として自動的に組み込んでしまったことである。

こうして漢民族皇帝は、血ぬらずして自国領域を増大させてしまった。日本は紀元後五七年、「後漢」に朝貢した部族長が光武帝から「漢委奴国王《かんのわのなのこくおう》」の金印を授けられて以来、中断はあったものの遣唐使を廃止するまで漢民族王朝に朝貢を行っていた。ということは、漢民族王朝から見れば日本も自国の版図と考えていたとしても不思議ではない。だが、日本だけは国家の最高権力者として「天皇」を戴き、中国皇帝などはまったく無視しており、中国とは単に国交関係を結んでいるという意識しかなかった。

さらに司馬遼太郎《しばりようたろう》氏によると、遣隋使や遣唐使は中国王朝からタダで書籍類をもらったのではなく、当時の日本では貴重だった「金」をたくさん持参して買ってきたものであったという。朝貢にもかかわらず、わざわざ金を出して必要品を買っていった野蛮人など、一人もいなかったと、司馬氏は述べている。

だが、日本は平安時代の末期である八九四年に、菅原道真《すがわらのみちざね》の献言で学び取るものは何もなしとして遣唐使を廃止し、以降、中国との国交は正式には絶ってしまった。つまり朝貢をやめたわけであるが、このことは中国皇帝の恩恵を受けなくなったことであり、当時のヨーロッパ諸国も中国皇帝の恩恵を何も受けていない地域にあったから、中国人はこれらの地域を「絶域」と呼んでいた。それゆえ、日本も八九四年以降は絶域に入っていたわけである。

## 日本を永久に下位に置きたい中国

ところが朝貢と冊封体制で四千年近くを過ごしてきた中国人、韓国人、北朝鮮人にしてみれば、日本はあくまでも中華体制の中では野蛮国であり野蛮人であるという感情は強かった。そのため、十九世紀から欧米諸国から痛めつけられたにもかかわらず、同じ中華文化圏内の野蛮国と思い込んでいる日本に支配され侮辱《ぶじょく》されたという屈辱感は、欧米諸国に痛めつけられた屈辱感よりもはるかに強く、第二次世界大戦後、国民教育の中で過剰ともいえる反日教育として採用された。

だが皮肉なことに、第二次世界大戦で完膚なきまでに叩き伏せられた日本が、わずか十数年で再び世界の経済大国として復活し、世界の経済界をリードしはじめ、中華文明圏経済は戦後三十年経っても発展を遂げることができなかった。

しかも共産主義による理想社会を目指したはずの中国も北朝鮮も、一九七〇年代には確実に発展途上国並みの経済情勢となり、逆に、日本と国交を正常化した韓国や台湾が、日本からの経済・技術支援によって目覚ましい発展を遂げはじめたのを横目に睨《にら》み、中国はついに日本との国交回復に踏み切った。背に腹は代えられなかったのである。

しかも、日本は早々と先進国の仲間入りを果たし、国際貢献をはじめているのを見ると、特に中国はこれを何としても阻止《そし》しなければ、中華文明の源である中国のメンツにかかわるとして、日本の国際貢献に対して徹底的に妨害する政策を採用しはじめた。

たとえば一九九八年に国連ユネスコの事務局長の改選にあたり、日本は中国を含む多くの国に事務局長の椅子を日本の代表に投票してくれるよう依頼した。

特に中国の動向を重視した日本は、小渕《おぶち》首相（当時）が中国の江沢民《こうたくみん》主席と会談をもつ機会が再三あったため、その都度、江沢民に投票を依頼したが、彼は常に快諾を与えていたので日本政府は安心をしていた。

だが、実際の投票結果を見ると、中国はスリランカの代表に一票を投じていたのである。つまり一国の元首が堂々と一国の宰相を騙《だま》したのである。

この一事をもってしても、いかに中国という国が日本の国際的評価を下げようとしているかがよく理解できるであろう。中華文明をないがしろにした日本を許せないという大時代的な中華思想を、中国政府や韓国政府、北朝鮮政府は巧みに利用しているわけである。

## 漢民族王朝にへつらった朝鮮民族

ともあれ、漢民族はこうした皇帝と野蛮人との関係を四千年間にわたって見てきているから、巨大な領土を支配してきた清朝が倒れ共産党中国が建国されると、当然、皇帝の領土を漢民族の中国が受け継ぐものと錯覚し、我こそが宇宙唯一の支配権をもつ国家であるという教育を子弟に行ってきた。日本人の学者たちはこれを「中華思想」と呼んでいる。

一方、朝鮮半島に逼塞《ひっそく》していた朝鮮の歴代王朝は、この強大な漢民族王朝の隣に位置していたために、いずれの王朝も亡国を恐れ、紀元後の二三〇年頃に発生した三韓（馬韓、弁韓、辰韓）以来、大きな者に仕えるという意味の「事大主義」が朝鮮民族の基本的思想となった。

それゆえ朝鮮人は漢民族王朝の冊封体制に自ら組み込まれることを欲し、儒教体制にどっぷり浸ることによって、漢王朝からの抹殺《まっさつ》を免れてきた。

たとえば六六〇年には半島を統一した新羅の「武烈王《ぶれつ》」は、政治体制のみならず名前まで朝鮮式を捨てて漢風に創氏改名を行ったために、現在でも韓国人の名前も北朝鮮人の名前もすべて漢民族と同じである。むしろ漢民族と同じ名前であることを誇りとする風潮が現代の韓国、北朝鮮の人々にあるのも事実である。

また一三九二年、高麗を倒して新たに建国した李《り》成桂《せいけい》は、国家の名前を「和寧《わねい》」か「朝鮮」かのどちらかに決めてもらおうと、「大明国皇帝」にお伺いを立てた結果、「朝鮮」を選んでもらった。

こうした冊封体制に入った国の場合は、漢民族王朝に自国の外交権と軍事権を握られ、半独立国家状態で二十世紀を迎えている。

## 日本を下位に置いて満足の朝鮮

ところが滑稽《こっけい》なことに、中国に対しては全く頭が上がらない朝鮮も、日本に対しては高飛車な態度で接しようとした。理由は華夷秩序からすれば、儒教体制を敷いていない日本は完全な野蛮国であり国民も野蛮人と見るからである。

形式や姿形を重んじる儒教体制の下では、髪の形まで決まっていた。すなわち男子の髪は総髪にし、長い髪は垂らすことなく頭の上で丸めることが行われたが、頭髪を剃《そ》ったり髷《まげ》を結うのは野蛮人のすることとして、その姿形を蔑《さげす》んだ。

ところが、野蛮人の女真族が「明」を倒して漢民族を支配し「清」となった際に、清朝は、漢民族男子のすべてに女真族と同様に頭頂部を残してすべて髪を剃ることを命令し、頭頂部の毛は編んで豚の尻尾のように下へ垂らす形に強制した。

これを見て喜んだのが、朝鮮人である。漢民族は「華」の地位から野蛮人となり、朝鮮人こそが「華」となったとして精神的満足感を味わった。

朝鮮人の日本人に対する意識は、日本と国交をはじめた三韓時代から自らは華、日本は夷と考えていたから、秀吉が朝鮮へ侵攻した時の朝鮮年号をとって「壬辰《じんしん》の乱」（文禄《ぶんろく》の役）、「丁酉《ていゆう》の乱」（慶長《けいちょう》の役）などと呼んだ。これは「華夷秩序」の体制の中で夷が華に対して背くことを「乱」と呼ぶことから来る呼称である。

つまり、政府に対して反乱を起こす場合に使用される呼び方である。ということは、朝鮮は日本を自国の支配下にある野蛮国という認識に立っていたのである。日本人としては驚きである。

### 朝鮮人が遊牧民である証拠

韓国の歴史教科書では現在でも依然として、「壬辰の乱」や「丁酉の乱」として教えているため、韓国人は日本人を野蛮人という見方を深層心理として抱いている。また華夷秩序の中では皇帝（天皇）は漢民族皇帝一人であるから、日本に天皇がいるとは認めたくない。それゆえ、韓国では天皇とはいわず「日皇《にちおう》」と呼んでいる。

つまり「日本の」と限定して呼んでいるわけで、天皇（皇帝）はそもそも宇宙に一人しかいないから、日本人がいうのは宇宙に一人ではなく、日本人だけに通用する天皇であると、断っているわけである。

さらに中華文明の動物に対する認識では、馬は軍馬となって人間と一体となる動物であるが、牛・羊・豚などはもっぱら食用となる動物であり、位からすれば馬よりも低い。しかも馬のひづめは丸くできていて、人間である遊牧民の履《は》く靴と形が似ているが、牛・羊・豚のひづめはいずれも先が割れており、朝鮮語では「チョッパリ」と呼んでいる。

そして日本人の履く足袋《たび》や下駄《げた》あるいは草履《ぞうり》も先が割れているから、日本人は牛や豚と同じ下等動物でありチョッパリである、と蔑むことによって支配者となった日本人への鬱憤《うっぷん》を晴らしていたし、現在でも日本人の悪口をいう時は、チョッパリと呼んで蔑む習慣がある。

こうした家畜の「ひづめ」などで差別しようとする呼び方を見てもわかるように、韓国人や北朝鮮人などは立派な遊牧民の末裔であるといえよう。

だが、皮肉なことに、二〇〇四年のパリ・コレクションでは、日本の建築土木業などに従事する男性が着用しているダブダブのズボン（ニッカーボッカー）と、それに一体となっている地下足袋《じかたび》が、フランスの若い女性のファッションとなって愛用されはじめているのである。もちろん、地下足袋の先端は、一般の足袋と同様に割れているから、これを履いたフランス女性を、韓国人は「チョッパリ」と呼ぶのだろうか。

最近では、靴下よりも足の指を分けて履く足袋や草履などを、欧米の人たちが健康上の理由から見直して着用するケースが増えてきている。日本で過ごした米国人、英国人、フランス人、ドイツ人、イタリア人、スウェーデン人、フィンランド人、ポーランド人、トルコ人など、筆者が知るだけでもかなりの国の人々が草履や下駄の効用を認めて、履くようになっている。そのうち、韓国や北朝鮮をのぞいて世界中が「チョッパリ」となってしまうかもしれない。

## 日本人も限度を超えれば大爆発

中華文明絶対と考えてきた朝鮮民族にとって、歴代中華帝国は師匠であり兄であり、朝鮮こそは優秀な弟子であり弟であると勝手に思い込んできたから、中国からの要求に対しては絶対逆らわずに従うが、自分より下位の日本人にたとえ三十六年間でも支配され、侮辱されたことは絶対に許さない、という「恨み《うら》」の感情がある。

つまり、中国人にしても韓国人にしても、そして北朝鮮人にしても、中華文明圏内のもっとも野蛮な人間である日本人には、決して上を行ってほしくないという感情がある。

本来ならば軍事的制裁を加えたいところだが、日米同盟があるために軍事力を行使して屈服させることができない。

それゆえ、せめて日本人の贖罪《しょくざい》意識を最大限に活用して、機会あるごとに叩き伏せ、金や技術を毟《むし》りとる外交を展開しようと堅く決心しているわけである。

そのためには、自国の国民が日本憎しの感情をもってもらわなければ、対日外交はうまく機能しない。そこで国民に対日憎悪感情を抱かせるために、徹底した反日教育を戦後六十年間近く行ってきている。

それゆえ、二〇〇三年の秋に西安の大学で、日本人留学生が寸劇を行った後、ほんの少しの煽動《せんどう》と誤報で中国の若者たちが大々的な反日デモを展開した理由は、いわば大中華思想の裏返しであり、徹底した反日教育の結果でもある。

中国社会が市場経済に移行した結果、都市部も農村部も大きな変革の波に洗われ、中国人一般の心理的・精神的動揺は、日本人が想像する以上に不安定になっていることは理解できる。

しかし、不安定だからといって、すぐに反日行動をとるのは、根底に六十年間にわたる徹底した反日教育があるからこそ、憤懣《ふんまん》の矛先《ほこさき》を日本に向けるわけである。

日中戦争を体験したこともない中国の若者が、社会が不安定だからといって日本を批判することは、極めて異常であるし論理に合わない。

こうした「タメ」にする反日教育をいつまでも続けていると、いつか再び不幸が起こる危険があることを、日本外交官はハッキリと伝える必要がある。

台風型の日本人は、今はおとなしく我慢をしていても、限度を超えると大爆発をするという民族的資質を、彼らに伝える役割が外交官にはあるのである。

# 第四章　稲作民外交が遊牧民外交にかなわないわけ

## 一——情報収集と巧みな操作

### 日本に開戦を決意させたもの

一九二九年の世界経済恐慌のあと、一九三一年の満州事変をきっかけとして、日米関係は坂をころがる勢いで悪化をはじめ、ドイツによるポーランド侵攻が開始されてからは、日独伊三国同盟問題もからんで、日米関係は一触即発の段階に到達していた。

一九四一年十一月になって日本が米国に提案した「乙案」は、南部仏印に進駐した日本軍を北部へ移駐する代わりに、対日石油禁輸措置の解除を求めるものであったが、これに対してコーデル・ハル国務長官もローズベルト大統領も検討の結果、極秘に三ヵ月後の対日開戦を条件としてほぼ乙案と同様の回答を日本側に行うことを決定した。

しかし、彼らは同時にワシントン駐在の中華民国大使・胡適《こてき》に、回答内容を伝え了解を求めた。胡適はただちに米側回答内容を蒋介石《しょうかいせき》に連絡したが、蒋介石は三ヵ月も開戦を待つという内容では中国は完全に日本軍に占領・支配されるとして、米国に再考を促す電報を打った。

さらに蒋介石は、欧州戦線でドイツと戦っている英国のチャーチルにも救援を求める至急電報を打ったのである。

欧州戦線で苦戦を強いられていたチャーチルは、ローズベルト宛《あて》に「中国を救うべく即刻立ち上がるべきこと」の電報を送った。すなわち、米国が対日開戦をしてくれれば、日独伊三国同盟によって米国は自動的にドイツと戦端を開くことになり、英国も救われるという計算であった。

チャーチルからの電文を受け取ったローズベルトは、ハル長官とともに対日開戦を決意し、日本が開戦せざるをえない内容の回答書を作成した。これが「ハル・ノート」である。主な内容は、日本軍が満州を含むすべての中国大陸から撤退すること、蒋介石政権以外の中国国内政権を認めないこと、三国軍事同盟から脱退することの三点である。

こうして一九四一年十一月二十六日に、「ハル・ノート」は日本側に手交され、日本は米国の思惑通りに開戦を決意した。

ところがローズベルト大統領も、ハル国務長官もそしてワシントンＤＣにある海軍省の作戦部長であるハロルド・スターク海軍大将も、こうした事実をハワイの米国太平洋艦隊司令長官であるハズバンド・Ｅ・キンメル海軍大将には、伝えようとはしなかった。

米国政府は明らかに日本に先制攻撃をさせて、米国民を戦争に立ち上がらせる舞台の主役を日本海軍に仕立てるべく、胸を躍らせて待っていたのである。

戦後、横須賀の米海軍基地司令官として赴任したケンプ・トレイ少将は、一九六二年に米海軍雑誌の九月号にパールハーバー事件の秘話を寄稿した。

その中でトレイ少将は、一九四一年十一月二十五日、ハル・ノートが日本側に渡される前日、ホワイトハウスで開かれた米国政府首脳会議では、「いかにして、我々があまり大きな損害を受けずに、彼ら（日本人）を操って、最初の一発を彼らに発射させるか」ということが討議されたと述べている。

## 盗まれた日本の暗号作成機

米政府が現地ハワイに日本海軍情報を伝えなかったのは、もちろん、日本に汚名を着せるほかに、日本海軍の実力をなめ切っていたこともある。ジャップに何ができるか、という慢心からきていた。

戦後になって、パールハーバーに至る日米交渉の際、日本側の暗号が米国の諜報組織である「マジック」によって解読されていたことが日本側にも明らかにされた。

当時、外務省が使用していた暗号は「紫暗号（パープル）」と呼ばれるもので、「九七式欧文印字機」を使用していた。だが暗号機械としては、同じ時期のドイツの「エニグマ機」、米国の「シグマ機」、スウェーデンの「ハーゲリン機」あるいはもっとも優れた英国の暗号機械とは、根本的にシステムが違っていたから、まず解読は不可能と日本は自他ともに自負していた機械である。

たとえウィリアム・フリードマンのような暗号解読の天才がいたとしても、九七式欧文印字機と似たものを作ることは、コンピュータのない時代では二億分の一という天文学的確率でなければ、絶対不可能な機械であった。考えられる唯一の可能性は、この暗号機のメカニズムについてのデータが、何者かの手によって米国に洩《も》れたとしか考えられない。情報戦、諜報戦に長けた民族的資質をもつ米国人ならば、データの窃《せっ》取《しゅ》を日本側に悟られることなく仕掛けることができたであろう。

ともあれ、米国政府は日本政府を騙しただけでなく、ハワイ軍港在住のキンメル海軍司令長官をも欺《あざむ》き、対欧州戦線への参戦を最優先として謀略を進めていたことは間違いない。米国政府の考えでは、たとえ日本軍が奇襲攻撃をかけても、日本軍の技量などは大したことはなく、損害などは微々たるものに終わると考えていたフシがある。

## 日本を罠《わな》に陥れた真珠湾攻撃

一九四一年十二月八日、南雲忠一《なぐもちゅういち》中将に率いられた、三十一隻からなる大日本帝国海軍の機動部隊は、米国準州だったハワイのパールハーバー軍港にある米海軍の艦隊に、航空攻撃をかけた。真珠湾攻撃をきっかけにして、米国は対日戦のみならず欧州での対独戦にも参戦することになったのは周知の事実である。

真珠湾攻撃については、終戦直後から米国による罠《わな》ではなかったか、という疑惑は多くの資料から推測され、これまでにも六十数冊が刊行されている。ところが、元米海軍軍人で戦後、「オークランド・トリビューン」紙の記者をしていたロバート・B・スティネット氏が、十五年間をかけて米海軍本部の地下倉庫に眠る膨大な資料や記録を、「情報の自由法」を楯に執拗《しつよう》に政府に申請し、ついに機密文書指定を解除させ閲覧したことから、真相が明らかとなってきた。

すなわち、過去六十年間にわたって合衆国の暗号解読員たちは、一九四二年五月までは日本海軍の主要暗号を解読できなかったという定説を、完全に否定して一九四〇年二月にはすでに日本の外交暗号を解読していたのである。

つまり、パールハーバー攻撃事件より一年十ヵ月も前から、米国は日本の外交・軍事の機密文書をすべて解読し、日本を卑怯者《ひきょうもの》呼ばわりさせる案を密かに練っていたのである。まさに真珠湾奇襲事件は、米軍がハワイと太平洋沿岸に多数設置した対日通信傍受設備を通して得た情報を基に、日本を罠に陥れるために仕組んだ謀略であった。

ともあれ、一九四一年の初頭には無線傍受は太平洋を囲むようにして、二十五ヵ所に設置されていたが、この中には日本の軍事暗号と外交暗号を解読した四ヵ所の暗号傍受解読局が含まれていた。

その四ヵ所とは、オアフ島にある「オアフH局」(ホーマー・キスナー通信解析主任)、「真珠湾無線監視局・HYOP」(ジョセフ・ロシュフォート局長)、「フィリピン無線監視局・CAST」(デュエイン・ウイットロック通信一等兵曹)、さらにシアトルの「SAIL無線監視局」であった。

二十五局あった通信傍受施設のうち、十二局は日本海軍の通信を、四局は日本陸軍の通信を、そして残りは日本政府からの外交暗号電報を傍受していた。すでに一九三八年から真珠湾攻撃時期まで含める四年間で、百四十六万通の日本軍の無電を傍受し、六十五名の電信員たちが傍受を続けた電報記録および別の無線傍受日誌に、これらの記録がファイルされているという。これらは今なお米国の最高機密文書に指定されていて、スティネット記者も閲覧することはできていない。

### ヒトカップ湾出撃もすべて把握

ともあれ、日本政府に突きつけた最後通告に対する日本側の反応も、細大漏らさず米国側は入手していた。すなわち、エトロフ島ヒトカップ湾に集結を終えていた連合艦隊機動部隊の動静と、御前会議の結果によるハワイ真珠湾に向けてヒトカップ湾出撃の模様も、すべて把握していたのである。

戦後、日本海軍南雲艦隊は真珠湾攻撃までは完全な無線封止を行っていたという、日本側および米国側の発表にもかかわらず、無線局主任のキスナーとウイットロックはスティネット記者のインタビューにおいて、ヒトカップ湾から出た機動部隊が真珠湾攻撃を終えるまでの約十三日間に、機動部隊や東京から百二十九通の傍受電報があったことを示し、その内容も提示した。

つまり、無線封止を厳しく命令しているはずの機動部隊指揮官自身が、もっともおしゃべりな人物であったこともわかっている。無線封止を破った理由は、ヒトカップ湾を出て二日後にアリューシャン列島南方に大型の低気圧が発達しながら機動部隊を襲い、三十一隻からなる大部隊が散り散りばらばらとなってしまったために、再集結のために隷下の艦隊に出力を下げて打電したことが判明している。出力を下げても米国の傍受施設は確実にこれをキャッチし、南雲艦隊が刻一刻とハワイに接近しつつあることを、ホワイトハウスに送り続けていた。

## 二——日本外交官の大失態

### なぜ大失態の二人が事務次官に

日米交渉が次第に厳しい展開を見せ、開戦が間近いと囁《ささや》かれていた十二月五日（金）夜、首都・ワシントンＤＣにある日本大使館では、寺崎書記官が転任するため、館員一同による送別のための宴会が行われていた。

しかも当日、対米最後通告を知らせる電文が外務省から大使館に入ってきたが、暗号翻訳を怠り結局翌日の土曜日になって解読作業を行ったところ、米国政府へ開戦通告を現地時間の十二月七日、午後一時までに必ず手交する旨の条件が付されていることもわかった。

慌てた大使館では、米国務省に手渡すために英語に訳して正式文書を作成しはじめたが、重要な機密文書のため米国人タイピストを使うことができず、館員が直接なれないタイプを打つことになったため大幅に手間取り、結局国務省に届けたのは午後二時二十分となって、すでに日本海軍はハワイを攻撃したあとであった。

この時の外務省電文の暗号解読と翻訳作業を担当していたのが、井口貞夫《いぐちさだお》参事官と奥村勝《おくむらかつ》蔵《ぞう》一等書記官の二人である。この二人の職務怠慢のために、日本は米国に徹底的に利用され、「卑怯な奇襲攻撃（sneaky surprise attack）」、「騙し撃ち」という汚名と、第二次世界大戦への米国参戦の口実を与えてしまった。

しかも、この「卑怯な奇襲攻撃」という言葉は、その後の対日イメージを作り上げることにおいて、絶大な効果を与え続けた。なぜならパールハーバー事件は現在でも米国の小中高校の歴史教科書に記述され、戦後育ちの米国の若者たちはみな、日本人は卑怯な民族という認識をもってしまったからである。

だが驚くべきことに、大失態を演じた井口、奥村の両人は、戦争終了後何の咎《とが》めも受けず外務省に戻って職務に復帰したが、数年後には二人とも相次いで外務省官僚の最高職である「事務次官」にまで昇りつめたのである。

## 在米日本大使と東郷外相も失態を

ただ、パールハーバー事件を振り返ってみると、大失態を演じた井口、奥村両人以外にも重大な失態を犯していた人物がいたのである。それは当時の駐米日本大使となっていた野村《のむら》吉三郎《きちさぶろう》大使と、日米交渉に派遣されていた来栖《くるす》三郎《さぶろう》大使の両名である。なぜなら、対米最後通告の内容が判明した時点で、タイピスト作業が間に合わない場合は、通告時間の直前に国務省のハル長官に口頭で通告し、正式書面は後から持参すると伝えればよかったのであるが、その判断と決断を怠ってしまった。

日本大使館はワシントンDCのホワイトハウスに近い場所にあり、同じく近接した場所にある国務省までは車を利用すれば十五分もかからない。特命全権大使の資格ある者が二人もいながら、口頭でも済ませておこうとする考えがなかったとは、外交官としては失格である。

特に野村吉三郎大使の場合は、海軍大将まで務めたうえに知米派として知られ、米国の政界・軍事界に多くの知人がいたために大使となった人物であるが、そのことが結局裏目に出てしまった。

ゴルフなどを通して知人となっていた国務長官のハルに文書を手渡すのだから、少しくらい遅れても許してくれるであろうと深刻には考えなかったのではなかろうか。

さらに、もう一人の失態者は、東京にいた東郷茂徳《とうごうしげのり》外相である。国家の命運を左右する一大事を米国に知らせるわけであるから、出先の大使館のみならず、東京の米大使館に勤務していたグルー駐日大使を外務省に呼びつけ、午後一時十分前に本人に伝えていれば、卑怯の誹《そし》りは受けなかったはずである。

### 今でもジャップという差別語が

戦後になって、外務省は業務を再開し今日に至っているが、六十年以上を経過した現在でも、パールハーバー事件の問題点を検証したり、責任者の洗い出しや追及を一切していない。

それどころか、前述したように最大の失態を犯した人物二人を、事務次官にまで就任させている。今からでも遅くはないから、外務省は米国政府に事情を説明するとともに、日本国民に正式に謝罪をするべきなのである。

なぜなら、パールハーバー事件直後から米政府はプロパガンダ（政治宣伝）の一環として「卑怯な日本人」という用語を大々的に使用したが、日本人を蔑む意味を込めて「ジャップ」を急速に広めた。しかも軍の公式電報にも堂々と「ジャップ」という言葉を使用していたから、戦後になって日米安保条約が締結され友好国となっても、日本人を軽く扱いたいような場合には、ごく自然に「ジャップ」という言葉が出てくる風潮ができ上がってしまっている。

外務省は、日本を罠に陥れたうえに、さらにこのような侮辱語まで作って対日敵対感情を育てる米国政権の恐ろしさが全くわかっていないのである。

最近では、二〇〇三年九月に東京の中国大使館が、ホームページのアドレスに日本のことを「jap」として表現したため、抗議を申し込んだところ、「批判があるからといって、そのたびに変更するのは難しい」と改善しない方針という。

外務省はもちろん、ダンマリを決め込んでいるが、なぜ、厳しく抗議・撤回させないのであろう。

### 自衛隊の海外軍事情報収集を禁止

第二次世界大戦後、戦前の軍部の横暴に手を焼いた政府は、軍事・防衛政策のすべてを外務省の所管としてしまった。戦前の二元外交を防ぐ目的があったとはいえ、軍事・防衛問題は外交とは全く異なっており、この問題を扱うには軍事・防衛の専門家を置く必要があったが、外務省は軍事・防衛問題をすべて米国に依存したために、この問題を全く怠ってきた。

このことは、在外公館の仕事として、防衛駐在官を設置した時点でも、防衛庁との間に「覚書」を交わし（一九五五年）、防衛駐在官は外相と在外公館長の指揮・監督を受け、防衛庁との直接通信や独自の暗号使用を禁じてきた。

日本の防衛駐在官は、二〇〇三年現在、米欧・露・中国など三十三大使館と二つの代表部に計四十六人が派遣されている。政府はようやく安全保障・危機管理情報の大切さと、外務省だけに任せる危険に気がつき、二〇〇二年十月三十一日になって四十七年ぶりに防衛駐在官のあり方を検討する方針を固めた。

これは、①防衛駐在官の身分を自衛官のままとする（現在は外務省職員）か、防衛庁長官の指揮下に置く、②緊急事態発生時に軍事情報を直接防衛庁に伝達できるようにする、ことなどを検討するというものである。

だが、戦後四十七年間にもわたって外務省傘下におかれてきた日本の防衛政策は、防衛庁制服組に人材が揃《そろ》っていたにもかかわらず、全くの空白であったというほかない。

つまり四十七年間というもの、日本の安全保障政策は、完全に米国一国に握られていたといえるのである。

しかも戦うことのできない憲法であり、有事法制もなく自衛隊運用のための「自衛隊法」も、できる限り自衛隊に戦力としての力を発揮させないような内容で、戦後五十年以上も過ごしてきた。

二〇〇三年になって、ようやく有事法制が成立したのも、北朝鮮の対日侵略があからさまになってきたからである。

## 三――諜報《ちょうほう》と工作は常識

### 優れたスパイ機関をもつ六国家

有名な戦略家・孫子《そんし》は、情報を確実に入手する手段として、秘密の探偵（スパイ）を敵国に放ち、かつ常駐させて情報収集に力を入れることを説いている。

この孫子の提言は、二千五百年の歳月を経てもなお、世界中の国家で採用されているが、特に遊牧民的資質をもつ大陸国家は、二十一世紀の現代においても「情報機関」と「工作機関」の二つを保持して国家政策の推進に役立てている。

以下に米国、中国、英国、イスラエル、ロシアそして北朝鮮のスパイ組織について述べてみよう。

以下に述べる六つの国家は優れたスパイ機関をもつことで有名であるが、感心していられないのは、在京の五つの大使館に勤務する人間の半数は、専門のスパイ訓練や工作員訓練を受けたプロの諜報員で、日本各地・各界の情報をスパイしたり工作したりしているのである。

## 米国——ハイテクとスパイ

その最たる国家は米国で、CIA（二万人）やNSA（国家安全保障局＝十万人）、FBI（一万五千人）のほかに軍事偵察衛星による画像収集や、「エシュロン」のような通信傍受による手段などによっても、他国の外交のみならず、スパイ組織やテロ・ゲリラ組織は無論のこと、経済、軍事、科学技術、エネルギー資源、宗教団体などの動きなども、確実に入手している。

CIAは一九四七年にソ連のNKVDに対抗する形で設立された対情報機関で、別名見えざる政府（Invisible Government）とも呼ばれ、人員、予算、活動内容などは公表されない。CIAはこれまで多くの国で、米国外交政策に同調させる目的の活動を行ってきているが、政府転覆やクーデター、あるいは情報操作などによって米国の政敵をほうむるなど、露骨な面も見せている。

工作はすべて成功するとは限らず、ソ連とのU2偵察機撃墜事件や、キューバへの侵攻作戦そしてウォーターゲート事件での失敗などもある。湾岸戦争では中東に充分なスパイを送り込むことをしていなかったため、フセイン大統領のイラク情報を深く読めなかった。

そのため、CIAは中東でのスパイ潜入を重視して訓練していた矢先に、ビン・ラーディンとアル・カーイダにワールド・トレード・センター・ビルを自爆テロで破壊されてしまった。このことはハイテクがいかに発達し、軍事偵察衛星を多く配備しても、人間からの情報（ヒューミント）も依然として重要ということを物語っているといえよう。

もっとも、アル・カーイダの動きを事前に察知して報告していたにもかかわらず、米国の情報機関が握り潰《つぶ》していたというミスも指摘されている。

アフガン戦争やイラク戦争での米軍の活躍、そしてフセイン大統領の逮捕は、米軍の特殊部隊と軍事監視衛星などからの情報によって、敵の中枢を破壊し反撃さえ許さなかったほど的確なものであった。

米軍の情報戦・攻撃力・報復力に恐れをなしたリビアは、ついに大量破壊兵器の開発を放棄する政策に転換してしまったことは周知の通りである。

### 盗聴器を仕掛けるのは常識

また二〇〇二年一月になって、「ワシントン・ポスト」紙は、中国から政府専用機の発注を受けたボーイング社が、中国に引き渡した時点で飛行機の中に二十七個の盗聴器を仕掛けていた、というニュースを報道した。この専用機は二〇〇一年八月に中国側に引き渡されたが、中国人民解放軍の信号情報部門が発見したというもの。

ところが、これほどメディアに大きく取り上げられたにもかかわらず、米国政府も中国政府も外交問題として特に表立った行動を起こさなかった。

その理由を米ブルッキングス研究所のベイツ・ギル研究員は、「米中が熾烈《しれつ》な諜報合戦を繰り広げていること自体は、決して驚くに値しない。むしろ、米情報機関がこれほど簡単に見つかるような形の盗聴器を仕掛けた、といわれるほうが驚き」と明言している。

果たして一ヵ月後の二〇〇二年二月十五日の「ワシントン・タイムズ」紙は、「盗聴器」を仕掛けたのは江沢民《こうたくみん》国家主席とはライバル関係にある「李鵬《りほう》全国人民代表大会常務委員長」であると報じた。李鵬委員長がなぜ、このようなことをしたのかというと、自分の妻と子どもが関与している財務上の不正に関する江主席の判断を察知するため盗聴を命じたという。

江主席も九十パーセント間違いないと見ているという。もっとも李鵬委員長の名前が出るはるか以前から、パウエル国務長官は、「この盗聴器問題は、大統領の北京訪問（二〇〇二年二月）を損ねることは何もない」と平然としていた。情報戦、謀略戦は当たり前であって、それを暴露されるような失敗をするほうが悪いという認識である。

米国では、ＣＩＡのほかにもＦＢＩやＮＳＡなどが独自の情報収集を行っているが、さらに陸軍、海軍と空軍の情報部、あるいは原子力委員会や会計検査院なども、独自の情報ネットワークを保持している。

米国の場合には、日本では禁止されている「おとり捜査」を実施しており、これまでにも日本人は見事に嵌《は》められたケースがある。一九八〇年代に東芝機械や三菱、日立の社員・研究員がFBIにスパイ罪で逮捕されたり、二〇〇二年六月にはハーバード大学の研究所にいた日本人女性研究者が、おとり捜査によって摘発されている。

余談ながら、米国に限らず海外へ諜報員もしくは工作員として出かける際は、必ず自国の国籍を抹消《まっしょう》し、相手国または無関係の国の国籍のパスポートを偽造して、所持していく場合が多い。なぜなら、万一、逮捕された時に自国の責任を問われないための措置である。

## 中国——三千五百万華僑の協力

米国以上に人間を使って情報収集に力を入れている国は中国である。中国への情報は主に三つの部門から本部の「中央情報統制部」に一元化されるが、第一に共産党、第二に外部連絡統制部、第三に軍事情報機関と海外貿易省に直接つながりをもつ国会である。

中国の場合は、米国ほど優れたハイテク機器がない代わり、人間組織を巧みに利用して相手を取り込む方法に力を傾注している。

西側に住むすべての中国人科学者のリストを作成し、彼らに原子力関連技術やロケット技術などの機密情報を入手させ、米国や先進国にある中国大使館や秘密のエージェントに情報を提供させている。

中国にとって有利なことは、世界に広がる華僑組織があることで、三千五百万の華僑が全世界に散って住んでいる。彼らの二世や三世がその国の主要機関に勤務している立場を活用し、金と女と酒という古典的手段ではあるが、人間の長所、短所、願望、欲望などを徹底的に研究し、自国サイドに有利な情報を流すよう図っている。

中国側の仕掛けは単に一個人だけでなく、その家族の出世や財産形成までも巻き込むものであるから、取り込まれた華僑は、中国のためというよりも家族のために、せっせと居住する国家の情報を中国機関に流す努力をするようになる。

先に、米国が中国の発注した政府専用機に盗聴器を仕掛けたことを述べたが、中国は一九八〇年代から米国でスパイ活動を展開し、米国側をあわてさせた。

米国は一九九〇年代に入ってから事態の深刻さに気がつき、議員たちが中心になり七年間をかけて中国スパイの実態をレポートした。これは、「国家安全保障に関する特別委員会」で、コックス下院議員が委員長となってまとめたものである。

それによると、中国が八〇年代から行っていたスパイ活動の種類は、①核爆発技術、②弾道ミサイル技術、③ミサイル誘導技術、④電子・精密誘導技術、⑤レーザー兵器技術、⑥有人宇宙飛行技術、などである。

コックス報告書によれば、中国人民解放軍が米国内に設置している諜報機関は、百ヵ所以上にのぼるといわれ、ロスアラモス研究所やローレンス・リバモア研究所などに多く働く中国系アメリカ人研究者にコンタクトして窃取《せっしゅ》したという。

米国は伝統的にロシアには厳しい監視の目を向けたが、中国は技術的には後発国ということもあって油断をし、重要技術が盗まれたが、米国のＦＢＩなどはほとんど気がついていなかったという。

事実、ＦＢＩが中国人スパイ網に捜査のメスを入れだしたのは、一九九九年一月以降からであると、報告書は指摘している。

## 「スパイ防止法」のない日本は天国

だが我々日本人が、ＦＢＩの対応を笑って見過ごすことができないのは、アメリカ以上に日本は中国のターゲットになっているからである。

特に日本には、戦後の自虐史観教育によって、日本よりも中国や韓国・北朝鮮を熱烈に愛する人々が多いこともあって、日本からの政治、経済、外交、軍事、科学技術などの情報は、米国から得るよりもはるかに簡単に入手できる。なにしろ政治家、官僚、学者、マスコミなど、国家の中枢機関に密接にかかわる職業の人たちが流す情報であるから、これほど確かなものはない。

アジア経済の研究については評価の高い某研究所にも、堂々と日本の情報を中国へ流す人物がつい最近まで勤務しており、現在は退職しているが、中国のためには涙ぐましいほどかいがいしく働いて情報を送り続けているのである。

こうした人物の妻は中国人であることが多いが、妻の国のために一生懸命になってしまうようである。

別に中国人とは結婚していなくても、外務省のチャイナ・スクールに所属する外交官や、外務省の外郭団体である日中友好を標榜した団体などは、その最たるものである。しかも日本には「スパイ防止法」などの法的整備ができておらず、外国人スパイにとってはまさに天国といってよい。

ほとんどの国には必ず「スパイ防止法」があって、スパイ行為を監視しているが、日本では法律の制定をプライバシーの侵害として、激しく反発する一部の政党や学者・文化人そしてマスコミなどがいて法律制定に激しく反対する。

北朝鮮や中国が近年、とみに軍事力をつけてきた背景には、日本からの窃取技術が大きく働いているとみなければならない。

なぜなら、現在、世界の最先端を行く科学技術は、日本と米国の二ヵ国だけで世界の八十パーセントを独占している状況にあるが、米国よりも日本から窃取するほうがはるかに容易だからである。

**英国――「軍事情報第六部」**

英国の情報収集機関（MI－6）と工作機関（MI－5）とは、二十世紀に入ってから特に有名になったが、もともと島国ということもあって、エリザベス一世時代から情報機関は充実していた。

たとえば詩人でもあり劇作家でもあるクリストファー・マーロウは情報機関の長官に任命されているが、マーロウは、ケンブリッジ大学の学生の時に、すでに英国国教会側の二重スパイとして、カトリック神学校に潜り込み、英国内でカトリック抵抗運動を行おうとしていた組織のメンバーをつかみ、情報機関に持ち帰っている。

英国といえば007で有名なスパイ機関「MI－6」と「MI－5」があるが、MI－6は正式名称を「軍事情報第六部」といい、一九一一年に組織され特に対独情報収集のためにヨーロッパ中にネットワークを張りめぐらした。MI－6は、第一次世界大戦では目覚ましい成果を上げたが、第二次世界大戦ではドイツ情報部によって壊滅状態に追い込まれた。

第二次世界大戦後は対ソ連との情報合戦で何度か成果を上げたが、フォークランド紛争ではアルゼンチン軍のフォークランド諸島侵攻作戦を予測できず、英国政界から厳しい批判を浴びた。現在は、その時の失敗の教訓を生かして、確実な組織に再建されている。

もっとも英国では一九五二年に設立した「GCHQ（政府情報本部）」が、世界中の外交、軍事、経済分野での各種交信を傍受している。いわゆる第二次世界大戦時の「エシュロン」から発展した米英を中心とする通信傍受協定「UKUSA（ユクーサ）」を結び、一九六〇年からは人工衛星も使って世界中の通信を傍受してきている。

このGCHQは、約一万二千名の人員を世界各地に配置して、米、加、豪、ニュージーランドなど、アングロ・サクソン系白人国家五ヵ国と緊密な連携を保っている。

一方、MI－5は、軍事上の工作を任務とする機関で、一九〇六年に創立されたが、長い間、非公式の存在であった。しかしMI－5は、両大戦では多くの敵側スパイの摘発と、敵側スパイの転向に取り込むことに成功している。

そして一九八九年に保安活動法が成立してから、ようやく公式に存在が認められ、一九九二年にははじめて女性（ステラ・リミントン）がMI－5のトップとなった。MI－5は、冷戦時代はもっぱらソ連と東欧を主体とした活動を行っていたが、冷戦後は軍事のみならずテロ、組織犯罪、麻薬取り締まりなどに力を入れている。

二〇〇一年秋の米軍によるアフガニスタン空爆は、同年十月七日からスタートし、十一月七日までの一ヵ月間の出撃回数は二千回であったが、十一月八日から十二月八日までは一挙に九万回を超えたという。そのわけは、現地アフガンから長年ヒューミント（対人情報）を得ている英軍が特殊部隊を送り込んだために、空爆対象が的確になり出撃回数が増え、事実、タリバーン政権は十一月末には崩壊してしまった。

**イスラエル――悪名高いモサド**

イスラエルの場合にも、情報収集機関と対情報・保安機関の二種類がある。二つの機関とも一九四九年に設立されている。情報収集機関はモサド（Mossad）、対情報機関をシン・ベイス（Shin Beith）と呼ぶが、シン・ベイスは別名サバク（Shabak）としても知られている。

モサドは冷酷無比のやり方で有名である。建国以来、イスラエルを国家として認めない周辺アラブ諸国の情報をつかむ必要から作られたが、米国ＣＩＡや英国のＭＩ－６の支援も受けて発展してきた。

ただモサドは、アラブ諸国の情報収集ばかりでなく、第二次世界大戦後のナチス戦犯狩りでも大いに力を発揮し、多くのナチス戦犯を逮捕のうえイスラエル法廷に引き連れてきている。

しかし、ナチス戦犯の多くはドイツから他国に逃亡して一般市民生活を送っている者が多いが、モサドはそれらイスラエルと友好関係にある国家にも、極秘でスパイ団を送り込み強引な秘密活動を行ってきたことで、顰蹙《ひんしゅく》を買ってきている。

一九六〇年に起こったモサドによる、元ナチ戦犯のアドルフ・アイヒマンの拉致は、彼が潜むアルゼンチン政府には一切極秘で行われたため、一時、イスラエルとアルゼンチンとの外交関係が緊張したことがある。またモサドは一九六七年の六日間戦争の前にも、アラブの行動を察知して成果を上げている。

もう一つのサバクの任務は工作であるが、主に、アラブと反テロの軍事情報と工作に力を入れている。この組織はモサドに比較すると小さいが、海外軍事情報収集機関である「アーマン」と密接な連絡を取り合って活動をしている。いうまでもなく、モサドが得た情報による工作活動はサバクが担当している。

### ロシア——諜報と工作の暗闘

ロシアは長い間、皇帝独裁政治を行ってきた関係で、保安機関は西側諸国に劣らず発展を遂げてきた。特に帝政ロシアが次第に危機的状況になる十九世紀末、有名な情報機関「オクラナ」を設置し、一九〇〇年には十万人を超えるスパイを擁《よう》していた。

ロシア帝政に反対する者を厳しく取り締まることで有名であったが、一九一七年にロシア革命が勃発しレーニンが政権を奪取すると、オクラナはただちに解体させられた。

しかしレーニンは、オクラナに代わる新たなスパイ機関「チェーカ」を立ち上げ、一九二二年にはチェーカを内国人民委員会（ＮＫＶＤ）の指揮下に置き、「国家政治局（ＧＰＵ）」に格上げした。

一方、赤軍参謀本部にも軍事情報の必要からトロツキーは、「情報管理本部（ＧＲＵ）」を創設したが、政府情報機関と軍事情報機関のライバル意識はすさまじく、その優越性をめぐって暗闘を繰り返す始末であった。

スターリンが亡くなると、ＮＫＶＤに代わって国家保安委員会（ＫＧＢ）が一九五四年に作られ、初代委員長にユーリ・アンドロポフが任命された。

ＫＧＢは多くの管理部門から構成されていたが、第一管理本部は旅券部門、報道担当部門のほかに暗殺を含む作戦実行部門を置き、第二管理本部には、国内保安部門、対情報部門、偽情報部門、秘密政治部門などを置いていた。

第三管理本部は軍事情報を、第四管理本部は輸送を担当し、第六管理本部と第十二管理本部は対経済情報と産業保安部門および通信傍受、盗聴、監視を、第七管理本部は監視部門、

第八管理本部は、通信傍受部門と暗合解読部門を置いていた。

## KGBはCIAとしのぎを削る

KGBは一九七〇年代になると、その規模は最大となり正式職員だけでも三十五万人にも達していた。KGBは単なる秘密情報機関としての役割のみならず、テロや外国政府転覆などの工作も担っており、米ソの勢力争いとなった一九七〇年代にはアフリカ、中東、南米などにおいて、CIAとしのぎを削る争いをし政治の舞台裏で暗闘を繰り返していた。

余談ながら、KGBはソ連軍とは別に独自に核爆弾を開発したが、大きさはスーツケース型で五キロトンの威力をもち、ソ連が崩壊するまでに約七百発を保有・管理していたと、ロシア安全保障会議メンバーで科学者のアレクセイ・ヤブロコフ氏が、一九九七年九月に米国下院軍事委員会で証言をしている。しかもソ連崩壊後、百発が行方不明とも述べている。

KGBは軍隊ではないから、米国とソ連との間で締結された核軍縮条約の制限から、スーツケース型核爆弾ははずれていることはいうまでもない。

ともあれ、一九九〇年、ソ連が崩壊した時、危機を感じたKGBのトップたちは、ゴルバチョフ政権の転覆《てんぷく》を試みたが失敗し、解体された。エリツィン政権下では、中央情報部が情報収集を担当し、国内保安部が対情報を扱う任務についている。エリツィンはクーデターに協力した上級職員の五十六人を解雇し、下級職員も八万人ほどを強制解雇した結果、KGBも名称を国家保安委員会から連邦保安局（FSB）に替え、その総員数は現在約二十七万人となっている。

一方、KGBに対抗する形で、軍に直属していたGRUは冷戦後も生き延び、各国のロシア大使館や領事館には多くのGRU職員が配置され、情報収集だけでなくスパイ工作に従事している。一九九九年に海上自衛隊の三佐が、ソ連海軍中佐に潜水艦の機密を流していた事件が発覚したが、このロシア海軍中佐はGRUのメンバーで、日本語と英語を流暢《りゅうちょう》に話すことができた。

泣く子も黙るといわれたKGBの後を継いだFSBは、裁判所を強い影響下に置いているために、プーチン政権下においてもスパイ容疑で逮捕された者は、ソ連時代の「逮捕即有罪」というパターンが続いているとして、国内から批判が出ている。

たとえば、ロシア海軍が日本海へ放射性廃棄物を投棄するという情報を、日本のNHKに流したかどで逮捕されたグリゴリー・パスコ被告は、国家反逆罪で禁固四年の判決を受けた。また、一九九八年に逮捕されたワレンチン・モイセーエフ被告は、韓国外交官に機密を漏洩《ろうえい》したとされたが、被告が接触中とされた時期に、彼は北朝鮮に出張中だったという主張が退けられ、懲役四年六ヵ月の判決を最高裁が言い渡した。

さらに、ロシア政府が運営する米国・カナダ研究所のイーゴリ・スチャーギン被告は、原子力潜水艦の関連情報を英国企業に渡したとして、一九九九年に逮捕されたが、地裁判決は証拠不十分とする一方で、被告の拘置を継続し再調査を命じている。弁護団は「普通の国なら無罪釈放」と強く反発している。

結局、ロシアは依然としてKGB時代の人権蹂躙《じゅうりん》が現在も続いている、という印象を内外に与えているのは否めない。

**北朝鮮――「国家安全保衛部」**

北朝鮮のスパイ組織としては、「朝鮮労働党統一戦線部」や「人民武力省（国防省）」、そして「国家安全保衛部」などが知られているが、その組織の実態については明らかではない。

しかしながら、一九九〇年代に脱北し現在は韓国に居住する元国家安全保衛部員（佐官級）の話によると、万景峰号のみならず、日本に入港するすべての北朝鮮船舶にかかわる、在日朝鮮人や船員それに日本政府の検査員などに監視の目を光らせているという。

北朝鮮の百～二百トンほどの小さな船は、日本の百二十五の港に年間一千回とも三千回ともいわれる回数で堂々と入港し、日本の全国の港に魚、松茸、カニ、麻薬などを運んでくる。逆に日本からは中古の自動車や自転車、電気製品などを持って帰る。

北朝鮮の船員は、日本から一人三十万円までの持ち出しができることから中古品をもって帰るが、自動車や電気製品は労働党幹部へ納め、残りはヤミ市へ流すといわれている。

国家安全保衛部は元来、国内の秘密警察で、その機構は平壌《ピョンヤン》にある中央の保衛部の下に市、郡の保衛部が置かれ、一人の保衛部員が五十人の協力者を使い、一千人の住民の言動を掌握するという方式で、二千二百万人の国民を監視する体制を作り上げている。

## 日本が支える北朝鮮の経済と軍事

また二〇〇二年秋に、北朝鮮工作員（七十二歳）が日本で逮捕され供述したことから、年間十五回ほども新潟港に入港をしていた「万景峰号《マンギョンボン》」が、日本における対日・対韓工作の指令を長い間行っていた、という事実も判明した。

供述によれば彼は一九四九年に密入国し、在日朝鮮人になりすまして対韓工作に従事していたが、その指令は万景峰号に毎回五人以上の朝鮮労働党幹部が乗り込んでおり、新潟港に入港するたびに在日朝鮮総連の幹部を招いて指示を与えていたという。

また、現在二百基以上のノドンミサイルが日本を照準しているといわれているが、ミサイル技術に関して万景峰号がかかわっていたという。一九九四年春に都内の工学機器メーカー

「セイシン企業」が、在日朝鮮総連系の企業からジェットミルと関連部品の注文を受け、新潟港の倉庫に搬入していた。

ジェットミルとは、ミサイル燃料となる過塩素酸アンモニウムなどを粉砕し、粒子を均一化することによってミサイルの飛距離や推進力を伸ばすことができるハイテク機械である。

しかも倉庫に搬入後、同港には北朝鮮の不定期貨客船「万景峰号」が入港していた。朝鮮総連系の企業とは、北朝鮮人民武力省（国防省）の傘下企業である。

北朝鮮は在日朝鮮人を利用して、これまでにも多くの情報収集と工作を実施してきていることが判明しているが、北朝鮮からの指令は主にラジオ放送を通して行ってきた。

警察庁警備局によれば、一九七〇年代から指令が急激に増大し、九〇年代後半には八百人近い在日スパイに指令を送っていたと見ている。

ところが、この指令を行っていたラジオ放送が二〇〇一年一月以降、全く発信をやめてしまった。理由は、日本の警備当局の通信傍受能力と解析能力がアップしたため危険と見たからであろうと考えられている。

ラジオ放送による指令に代えて、北朝鮮が工作員への伝達手段としているのが、電子メールと新潟港を寄港地とする「万景峰92号」で、この船が重要なスパイ指令船となっていることは明らかである。

いずれにしても、北朝鮮の経済と軍事を支えているのが日本であることはまぎれもない事実であり、そうであるからこそ、拉致問題を早めに解決して日本からの経済援助を受けたいと望んでいるわけである。それゆえに、日本国内の世論を軟化させる必要があり、そのための工作がこれまで以上に必要である。

## 日本には北朝鮮スパイが八百人

対日工作とは、日本国内に北朝鮮の支援者を作ることであり、警察当局によれば対日工作員の活動によってかなりの数の潜伏工作員（スリーパー）が育成されているという。対韓工作とは敵対する韓国から情報を得るために、特に退役軍人を巧みに獲得するため韓国に渡って工作を行う者たちである。

工作を行うには日本人になりすます必要があることから、係累や身寄りのない日本人を海岸などから北朝鮮に拉致をし、逆に工作員が日本人になりすましてパスポートなどを手に入れるなどを行っていたと供述している。

こうした北朝鮮の対日・対韓工作は着実に成果を収めていると考えられる。日本に関していえば、社会インフラであるダムや発電所などで不審な出来事が発生している。

また奄美大島の沖合いから逃亡した北朝鮮工作船が、海上保安庁の巡視船と銃撃して中国領海で沈没したが、引き揚げてみれば戦車も破壊できるほどの装備をもっていたことが判明した。このことは、日本の原子力発電所が日本海の沿岸に数多く立地していることを考えれば、海からの砲撃で発電所は壊滅してしまうことを意味している。

さらにこの工作船が保有していた携帯電話は、日本の暴力団とコンタクトをとっていたことも判明したが、年々増加する北朝鮮からの麻薬や覚醒剤の密輸エージェントとして、暴力団が利用されていることもわかってきた。

対韓工作でいえば、金大中《キムデジュン》大統領の後継者となった盧《ノ》武鉉《ムヒョン》氏は、北朝鮮に対して太陽政策を継続すると明言しているが、盧氏を支援した韓国人は太陽政策を否定する人よりも多いということであり、北朝鮮による韓国世論の工作が成功したことを裏づけている。

盧氏は北朝鮮と米国のどちらが重要かという問いかけに対し、(北朝鮮)民族のほうが大切として、米国とは一層距離を隔てるようになっている。まさに、金正日《キムジョンイル》の思う壺にはまってしまったといえよう。

## インドネシア――スパイ大学設立

以上、外国からの対日工作は周辺国のみならず、友好国からも多くの情報収集員や工作員が国内で暗躍しているが、逆に日本の外交官でスパイ行為や工作を行う人物は皆無である。

外交官がダメなら偵察衛星をたくさん打ち上げて、危険な反日国家の動静を探ることがなされているかといえば、これも今までは米国に依存してきた。わずかに二〇〇三年に四基ほどの偵察衛星を配備することにしたが、二基はロケットの失敗によって情報収集は不可能となってしまった。

一方、スパイの養成を痛感していた稲作民国家のインドネシアは、二〇〇三年七月に、世界ではじめて国立の「スパイ大学」の設立を目指して起工式を行った。

同国は二〇〇二年十月にバリ島で二百人以上が死亡した爆弾テロの阻止《そし》に失敗したことで、情報機関の能力不足が他の東南アジア諸国から批判されたこともあって、諜報能力を重視し情報機関員の養成に本腰を入れたのである。入学する学生は四年間の学士課程と大学院二年間の修士課程とし、修了者には学位が授与される。授業は英語で行われ、民間人や外国人の入学も可能である。

インドネシアは三百五十年間にわたってポルトガルとオランダに支配された稲作民国家であるが、国内には多数の華僑が居住しており、経済面では華僑が重要分野を握っている。

しかもインドネシアはアセアン（東南アジア諸国連合）の中では指導的役割をとろうとしているが、これはアセアン地域フォーラム（ARF）に中国が参加しているため、国内政策に関する情報などが漏洩《ろうえい》しないよう、思い切ったスパイ養成機関を作ることにしたとみられる。

稲作民であるインドネシア人も、ようやく情報機関の必要性に目覚めたといえよう。

## 「昔特高、今官僚」

日本にも戦前までは軍の諜報機関や警察の公安機関はあった。ただ、欧米各国の諜報機関と日本の諜報機関との決定的な違いは、欧米の諜報機関や公安機関は、自国民を痛めつけるためではなく、あくまでも外国から潜入してくるスパイや、そのスパイの支援者となった自国民だけを慎重に捕まえた。

ところが、日本の諜報機関や公安機関は、外国のスパイよりも反政府活動者や、天皇制反対者を徹底的にマークして捕まえ、同時にその家族までも拘束して拷問《ごうもん》にかけるなどの行為をした点で、欧米と異なっていた。

特に特別高等警察の場合には、国家権力を背景として、ささいな罪で善良な市民までも理不尽に逮捕・拘留したり、厳しい拷問などによって恐れられる体質をもっていた。

戦前のこうした体験が、日本人をしてスパイ(諜報・公安)に対する嫌悪感を抱かせアレルギーとなって、現在に至ってもスパイ防止法の制定を抑える風潮を作っているといえよう。

もちろん、戦後はこうした体質は一掃され、民主的な公安機関となっているから、戦前のような国民を苛《いじ》めるような体質はない。

むしろスパイ機関に対する異常なまでの嫌悪感は、かえって「羹《あつもの》に懲りて膾《なます》を吹く」結果となっており、日本の重要な情報がいとも簡単に国外流出していることに、アレルギー体質の国民は気がつかねばならない。

情報は国家や企業の安全保障や犯罪防止には必要不可欠なものであるが、決して自国民を痛めつける内容にしてはならない。

むしろ戦後の問題は、中央省庁に勤務するキャリア官僚の体質である。二〇〇四年に北朝鮮に対して経済制裁を行うために、衆議院議員などによる議員立法の動きに対し、立法を調整したり助けたりする内閣法制局の判断は、「金正日が日本人拉致を口頭で認めたとしても、文書としてあるわけではないので、彼らが非人道的行為を行ったとは言い難い」として立法を躊躇《ちゅうちょ》しているという。

官僚は創造性がないことで有名であるが、彼らは「前例がない」と立法も修正もしようとしない人種である。

こんな人たちが国家の舵取《かじと》り意識で立法に取り組んでいる限り、受け身体質の稲作民は、いつまでたっても遊牧民に対抗できるはずがない。国民を苛める標語は「昔特高、今官僚」

で、日本の国益を失い国民を痛めつけているといってよい。

## 四――手玉にとられた国際連盟外交

### 張学良軍への制裁

一九二九年十月にはじまった世界経済恐慌は、資源や市場を国内外にたくさん保有していた米英仏など「持てる国(Haves)」と、日独伊など「持たざる国(Have-Nots)」との関係を浮き彫りにさせた。

特に日本の場合には、南方へ進出しようとする道を一九二一年のワシントン海軍軍縮条約で、海軍の主力艦保有比率を米国に抑えられたために、南方資源よりも大陸、とりわけ日本が日清・日露の両戦役で、多くの犠牲を払って獲得した満州地方に、その活路を見出そうとしていた。

武力を直接的に投入して満州の治安と利権を確保しておきたい関東軍首脳と、国際社会から孤立することを恐れ、できるだけ外交交渉によって権益確保を狙おうとする政府首脳の考えは一致しなかった。

ただし、満州の権益をなんとか確保して日本の活路にしたいとする気持ちは、政府をはじめ軍部、官界、財界、マスコミ界、学者も、そしてほとんどの国民も含めて一致していたことは事実である。

一九二六年から一九三〇年はじめにかけて、中国の蒋介石政権は、各地に散る軍閥を制圧しつつ、華北を目指して「北伐」を進めたが、その鋭鋒《えいほう》は満州地方にも及ぶ懸念を満州軍閥に与えていた。

そこで、満州の中では最大を誇る張学良の奉天軍閥は、一九二八年蒋介石軍の傘下に入り、国民政府委員・東北辺防軍司令長官に任じられた。やがて閻錫山《えんしゃくざん》や馮玉祥《ひょうぎょくしょう》らの軍閥を破って華北地方の軍事・政治の実権を握った。

華北と満州の軍政両面を握った張学良は、満州地方に特殊権益を獲得して進出していた日本を満州から追い落とすべく、傘下二十六万の部下たちに日本人居留民や、日韓併合で日本人となった在満朝鮮人に対して妨害や略奪、はては殺害などを指示し、二万に満たない関東軍を嘲笑《ちょうしょう》するかのような反日的言動を繰り返させていた。

これに危機感を抱いた現地関東軍首脳は、満州地方に対して統治能力の全くない中華民国政府との外交交渉を待っていたのでは、権益や居留民を守れないとし、さらに軍閥が万宝山事件や中村大尉事件などで関東軍を侮辱したことに対して、張学良軍への制裁が必要であると考えた。

こうした満州軍閥の国際条約無視の対応に、危機感と怒りを抱いた関東軍は単独で一九三一年九月十八日に、満鉄を爆破（柳条湖事件）し、これを満州軍閥の責任として関東軍を投入した。いわゆる「満州事変」の勃発《ぼっぱつ》である。

わずか三ヵ月間で一万四千人の関東軍は、東京に無断で朝鮮から陸軍二個師団を呼び寄せ、二十六万五千人の張学良軍を蹴散らして満州全域を占領し、翌年一九三二年三月一日には、満州国を建国してしまった。

事変発生後、ただちに提訴を受けた国際連盟では、まず一九三一年十月十五日の理事会で、日本の反対を押し切って非加盟国の米国をオブザーバーとして招請することを決定したうえに、調査団メンバーを英国のリットン卿《きょう》をリーダーに、独仏伊の五ヵ国代表とすると発表した。

## 満州を支配しようとした米国

だが問題は、調査団の構成メンバーとなった欧米列強諸国は、アジアの歴史はおろか満州民族と漢民族との歴史的相克など何も知らず、まして万里の長城の意味や「化外の地」の意味、そして「満州封禁令」の意味など日本人以上に無知のまま、単に鉄道爆破事件とそれに続く満州国建設のみを違反と判定する役割を担ってやってきたことである。

満州事変から五年後に、イタリアがエチオピアを軍事侵略し、百万人以上のエチオピア住民を殺戮《さつりく》したが、英仏はもちろん、米国も日本に対して行ったようなスチムソン・ドクトリンなど発動していないことから見ても、いかに米国が中国を重要市場と考えていたか、そして日本を仮想敵国と見ていたかが理解できるであろう。

調査団は一九三二年二月二十九日、横浜に上陸して日本首脳と会談したのを皮切りに、上海、南京、北京と移動し、四月二十一日には満州・奉天に到着した。一行は奉天、新京、ハルビンと調査を進め、五月十六日には米国代表を除いて牡丹江へと向かった。

ここで重大な動きが現れる。牡丹江へ出発する直前、ソ連の陸軍大佐アレクセーエフ・イワノフ（ソ連GPU・極東支部長）が、リットン卿と、その滞在ホテルで一時間にわたって密談を行った。

さらに五月二十二日、ハルビンに滞在をしている米国代表マッコイ少将と、ソ連イワノフ大佐が三時間にわたって密談をしたが、当時、ソ連はヴェルサイユ体制の中から創設された国際連盟を批判し、これには加盟していなかった。

しかも米国はこの時点では、ソ連と国交を回復しておらず、ソ連を承認するのは一九三三年である。それにもかかわらず、ソ連からの使者が国際連盟や米国の代表者と密談を行っていたのである。

リットン調査団の動静を探っていた日本外務省の嘱託・三浦幸介《みうらこうすけ》は、ホテルから出て列車に乗ったイワノフ大佐がしっかりと持っている鞄《かばん》が、重要資料と睨《にら》み、列車の進行中にイワノフ大佐を襲って鞄を強奪した。

果たして、その中には分厚い書類が入っていたが、一つはリットン卿が国際連盟に正式に提出する報告書で、満州事変は関東軍が起こしたものと断じ、日本の満州における特殊権益は認めるが、独立を行った満州国の現政権を認めるわけにはいかず、原状に回復すべしという結論を書いていた。

## 満州分割の陰謀、ARA秘密文書

したがって、この公式に発表される報告書に関する限り、決して日本にとって不利な内容ではなかった。それにもかかわらず、日本は翌一九三三年三月二十七日連盟に脱退通告を送って脱退した。なぜなのかという理由は、同じ鞄の中にあった「ARA秘密文書」にあった。それは日本がリットン報告書を認めた場合の「A（アングロ＝英）R（ルッソー＝ソ連）A（アメリカーナ＝米）」の秘密協約書にあった。このARA秘密協約書は、二つの重

### ★リットン報告書・秘密協約書（重要個所のみ記載）

グレート・ブリテン連合王国およびアメリカ合衆国は、1932年国際連盟において結成された日華紛争調査委員会現地調査団の現地調査に当たり、以下の事項につき同意した。

3項. 特殊自治政権に対する総括的な管理と指導は、共同管理に参加する各国による国際共同管理委員会が行う。
4項. 国際共同管理委員会に紛争当事国である日本および中華民国の参加を妨げない。
5項. 当該地域における中華民国の宗主権は認める。但し、その駐兵権は国際共同管理委員会の決定による制限を受ける。
6項. 当該地域における日本の、条約を持って得たる権益（関東州の租借および南満州鉄道の保有および鉄道付属地の支配）は認める。但し、その駐兵権は国際共同管理委員会の決定による制限を受ける。
8項. 国際共同管理委員会の管理・指導下におかれる当該地域の一般行政は、共同管理に参加せる各国が、それぞれに定むるところの地域を分担、管理に当たる。各国が分担する地域は、おおむね次の通りとする。

| | |
|---|---|
| 奉天省 | アメリカ合衆国 |
| 吉林省 | グレート・ブリテン連合王国 |
| 黒竜江省 | ソビエト社会主義共和国連邦 |
| 熱河省 | フランス共和国、ドイツ共和国、イタリア王国 |

12項. この協約の内容および存在は一切公表せず、その秘密を厳守する。

### ★別項「ARA密約」…… ARAとはアングロ・ルッソー・アメリカーナの頭文字と言われる。

アメリカ合衆国ならびにソビエト社会主義共和国連邦は、前記協約に則り、以下の条項を約する。

1. 国際共同管理委員会の管理下に、ソビエト社会主義共和国連邦が分担する黒竜江省の一般行政管理は、アメリカ合衆国のソビエト社会主義共和国連邦に対する国家承認後、一年以内に、無条件でアメリカ合衆国に委譲するものとする。
2. ソビエト社会主義共和国連邦は、当該紛争地域に保有する鉄道（東支鉄道）の敷設権および運営に関する一切の権益を、アメリカ合衆国が指定する鉄道会社に、双方合意を得たる価格をもって売却委譲する。上記の代価はアメリカ合衆国の指定する銀行に積み立てられ、ソビエト社会主義共和国連邦の貿易為替資金とする。
3. 前記2項の代償として、アメリカ合衆国は可及的速やかに、ソビエト社会主義共和国連邦を正式国家として承認すると共に、両国合意のうえ、借款を供与し信用状取引に関する一切の便宜を計らうと共に、関税の最恵国待遇を約する。

要な内容を含んでいた。

まず、米国と英国の秘密協約書の草案は、①満州の宗主権は中国にあることを認めるが、その支配は国際共同管理委員会に委譲する。②満州における日本の特殊権益は認めるが、日本の駐兵権は国際共同管理委員会の決定による制限を受ける。③日本は満州における権益を他の一国に譲渡できるが、その場合は国際共同管理委員会におけるすべての地位を失う。そして、④国際共同管理委員会が満州において行う行政は、奉天省は米国、吉林省は英国、黒竜江省はソ連、熱河省は仏、独、伊の三国で行う。⑤この協約の内容および存在は、一切公表せず、その秘密を厳守する、となっていた。

次に米国とソ連の秘密協約書は、①ソ連が分担する黒竜江省の一般行政管理は、米国がソ連を承認した後一年以内に、無条件で米国に委譲する。②ソ連が当該紛争地に保有する東支鉄道の敷設権および運営に関する一切の権益を、双方が合意した値段で米国に売却する。③前記二項の代償として、米国は可及的速やかに、ソ連を正式国家として承認し、関税の最恵国待遇を約束する、となっていた。

この報告書を読んだ三浦幸介は、驚嘆し夜に日をついで、松岡全権大使に届けようとしたが、気が急く三浦は落ち着きのない行動をしていたため、あと一歩で日本行きの船に乗るところで、関東軍に怪しまれ逮捕されてしまった。

## 五――連盟脱退という苦渋の決断

### 関東軍の狭い料簡が日本を危機に

この文書を見た石原莞爾《いしわらかんじ》や板垣征四郎《いたがきせいしろう》たちも驚嘆したが、相談の結果この文書は決定的な瞬間に出そうと考え、そのまま沈黙をし続けた。理由は関東軍にすれば、せっかく満州事変を起こしてまで政府や軍部から主導権を確保したのに、国際共同管理委員会の手に委《ゆだ》ねてしまっては関東軍の出る幕はなく、外務省だけに表舞台で活躍されてしまうと考えたからである。

それゆえ、政府が国際連盟総会でリットン報告書を受託しようとする直前に、これを政府に突きつければ、政府としては連盟を脱退せざるをえなくなり、そうなれば、満州の支配・管理は関東軍の思うまま、という計算をしていたのである。

関東軍はこの時点で、もはや政府や外務省の意向はおろか、東京の陸軍首脳部の考えからも逸脱し、自己勢力の拡大しか考えていなかったといえよう。

当時の日本国民や政府そして外務大臣の認識では、満州に設定されている日本の特殊権益は国際社会の認めるところであるから、権益の拡大は話し合いによっていくらでも可能と見ており、武力による権益拡大は国際世論を相手にすることになるため不利であると考えていた。

だが関東軍首脳は、一九三三年三月の国際連盟総会開催直前まで、この文書をしまって沈黙を守っていた。政府の元老（西園寺《さいおんじ》公望《きんもち》と牧野《まきの》伸顕《のぶあき》）としては、日本を国際的孤立に追いやることは不利と見て、報告書が日本の権益を認める限りは、これの受託もやむをえないと考えていた。

ところが、総会開催の直前になって、満州から板垣征四郎が西園寺邸を訪れ、このARA秘密協約書を披見したのである。驚愕《きょうがく》した西園寺と牧野は、日本がリットン報告書を受け入れて譲歩した場合、米国を含む六ヵ国に利権を奪われてしまうことになるので、国際連盟脱退しかないという苦渋の決断をせざるをえなかった。西園寺は、ジュネーヴの松岡全権大使に対し国際連盟脱退を指示した。

この秘密文書は、第二次世界大戦中にドイツ政府から公表されたが、日本自身対米戦争中ということもあって、ARA密約問題を取り上げる余裕がなく、糾明することができなかった。

しかも日本の敗戦後、占領軍は日本政府やマスコミに対して、厳しい検閲基準（三十にのぼる禁止条項）を設け、米、英、ソ、中、朝鮮などの国家行為と、「東京裁判」などを一切批判することならず、としたために日本政府としては沈黙を続けざるをえなかった。

## 二〇〇七年に公開される秘密文書

そこで二十五年後には情報を公開するという米国の法律に基づいて、一九五七年に米国で一般公開されるので、これに期待をしたが、当時の大統領アイゼンハワーは、この秘密文書の重要性に鑑《かんが》み五十年間の公開禁止処分としてしまった。この文書が日の目を見るのは、二〇〇七年の予定である。

アイゼンハワーがなぜ、ARA秘密文書の公開を禁止したのかといえば、内容が完全に日本を満州から追い出す「謀略」であったことと、一九一八年一月にウイルソン米大統領がドイツとの講和原則として発表した十四ヵ条に、「秘密外交の禁止」を提唱していたため、その提案国自身が約束を破って秘密外交をしていた事実を世界に知られたくなかったからである。

しかしながら日本は、国際連盟を脱退する前になぜ、脱退せざるをえなかったのかの事情を総会で暴露しなかったのであろうか。確かに三浦幸介が力ずくで覗《のぞ》いた秘密文書は、盗み見ただけであって現物を持ち帰ったものではなく、三浦自身の記憶に基づいて作成したものであったから、英米ソ三国が否定してしまえば証拠はない。

だが、その場合でも、そうした謀略が調査団の中にあったという動きと、それが実行された場合、日本の特殊権益が喪失する危険がある、という事情だけは国際社会に伝え、米英ソの陰謀を公表しておく必要があったのである。

さらに戦後、占領軍やGHQなどの拘束が解けた段階で、外務省はリットン調査団の秘密文書の存在を公開し、日本が連盟を脱退せざるをえなかった事情を世界に公表する必要があったが、二〇〇四年の現在に至っても公表をしていない。

日米安保が重要であればあるほど、両国の間にわだかまりがあってはならないから、二〇〇七年には公開される米国の資料を基に、外務省はただちに国際連盟脱退の真相と、パールハーバーの真相を公表する必要がある。

## 幻に終わった日本への奇襲計画

一九四一年十二月八日、日本海軍は米国ハワイの真珠湾にある米海軍基地に対して航空攻撃を敢行し、日米戦争の火蓋《ひぶた》が切って落とされた。だが、実は真珠湾奇襲攻撃に先立つ半年も前に、米国のローズベルト大統領は中国軍機に偽装した爆撃機の大編隊で、日本本土への

**幻に終わった日本奇襲計画（1941年7月）**

対日爆撃計画（JB-352文書、1941年7月23日）

奇襲攻撃計画に許可を与えていた事実が判明した。

これは米国アリゾナ州立大学の歴史学科のシャーラー教授が、米国立公文書館の記録を調査している時に見つけだした資料である。

それによると、この大統領署名の公文書は「JB－352」文書と呼ばれるが、計画を立てた人物は蒋介石総統の軍事顧問をしていたクレア・リー・シェンノート米陸軍退役大尉である。

計画によれば、一九四一年九月頃に、米国製ハドソン爆撃機三百五十機と、護衛のカーチス戦闘機百五十機が中国南部の飛行場から発進し、北九州、阪神、名古屋、京浜の各工業地帯を爆撃し、爆撃機はグアム島へ戦闘機は米空母に収容するというものである。

この計画は、日中戦争の開始以降、日本軍の攻勢によって中国軍は敗戦につぐ敗戦で、一九四一年初頭には壊滅状態にあったため、蒋介石はシェンノート大尉に起死回生の策を米国に実行してほしいと懇請《こんせい》していた。

そこで、シェンノート大尉は米国のパイロットと飛行機はすべて米国が供給し、機体には国民党の標《しるし》である「青天白日旗」を描いて、中国機に偽装すれば攻撃は可能であると考え、この計画を立案してワシントンDCにある統合参謀本部に持ち込んだ。

参謀本部は、ハドソン爆撃機の航続距離を検討し、燃料用増槽タンクをつければ速度は落ちるものの、グアム島もしくはフィリピンのクラーク飛行場までもつとの判断を行った。

さらに、カーチス戦闘機は陸軍機のため、空母への着艦が困難であるとして難色を示したが、訓練によって可能となるが、できない時は米空母に海軍戦闘機を載せ、台湾海峡近辺に派遣して途中からハドソン機を護衛することとした。

万一、オペレーションが失敗して爆撃機や戦闘機が撃墜されても、中国機のマークであり、パイロットも米国人ではあっても、全員が退役軍人であり中国政府に雇われた者たちであるから、日米間の問題とはならないと判断していた。しかも、奇襲作戦であるから成功率が極めて高いと、米国軍当局も計算していた。

こうして、大統領の手元に届いた文書を、ローズベルトは一読したあと閣僚とも相談のうえ、これにゴーサインを出したのである。

日本本土への奇襲攻撃は一九四一年九月中旬とされ、極秘に準備が開始されたが、ハドソン爆撃機が発進する予定の南京や重慶などの飛行場は、すでに日本軍の南下によって占領され、地域一帯の制空権も日本の手に落ちてしまった。

このため、この計画は結局断念せざるをえなくなった。

# 第五章　稲作民外交が遊牧民外交と渡り合うには

## 一――これからの日本外交

### 外交官の本来果たすべき仕事とは

さて、これまで遊牧民と稲作民の資質や外交について比較検討してきたが、第五章では稲作民の代表たる日本が、外交で遊牧民と渡り合うにはいかにすべきかを考えてみたい。そのためには、まず外交官はどんな仕事をしているのかを見る必要がある。

外交官にはキャリア官僚とノンキャリアの二種類がある。等級がたくさんある外交官の中で、トップの地位にあるのは「大使」である。大使は各国の首都に設けられる大使館に勤務して日本国家の外交その他を代表して行うが、その任務としてはおおむね以下のようなものがある。

1. 各国の首都に設置された大使館にあって、当該国に対して日本を代表すること
2. 相手国政府との交渉や連絡を行うこと
3. 相手国の政治・経済・軍事・社会・文化などの情報を収集し、日本へ送ること
4. 在外日本人の生命と財産を保護すること

5. 経済を中心に相手国を援助すること
6. 日本を理解してもらえるような広報活動を行うこと
7. 相手国と友好関係を増進すること
8. 日本からのＶＩＰ（重要人物）の接待を行うこと

などである。

以上、列挙してきたように、外交官の仕事は日本にとって極めて大切な内容ばかりであるが、問題はこれらの仕事を通して日本の国際的地位の上昇や信頼を勝ち得ているかどうかであろう。

以下に筆者の実際の体験や友人・知人から得た大使館情報をもとにして、日本大使館の仕事を検証してみたい。

**日本外交官の問題点**

外交官は戦前も戦後も難しい外交官試験を突破して本省入りするために、財務省官僚と同様にエリート意識は極めて強く、このことが在外公館においても露骨に発揮され、在外公館内部のみならず、在外公館を中心とする日本人社会全体を含め、一種の「ヒエラルキー社会」を形成しているといわれる。このことを念頭に置いたうえで、在外公館と大使の仕事内

## キャリア外交官の意識構造

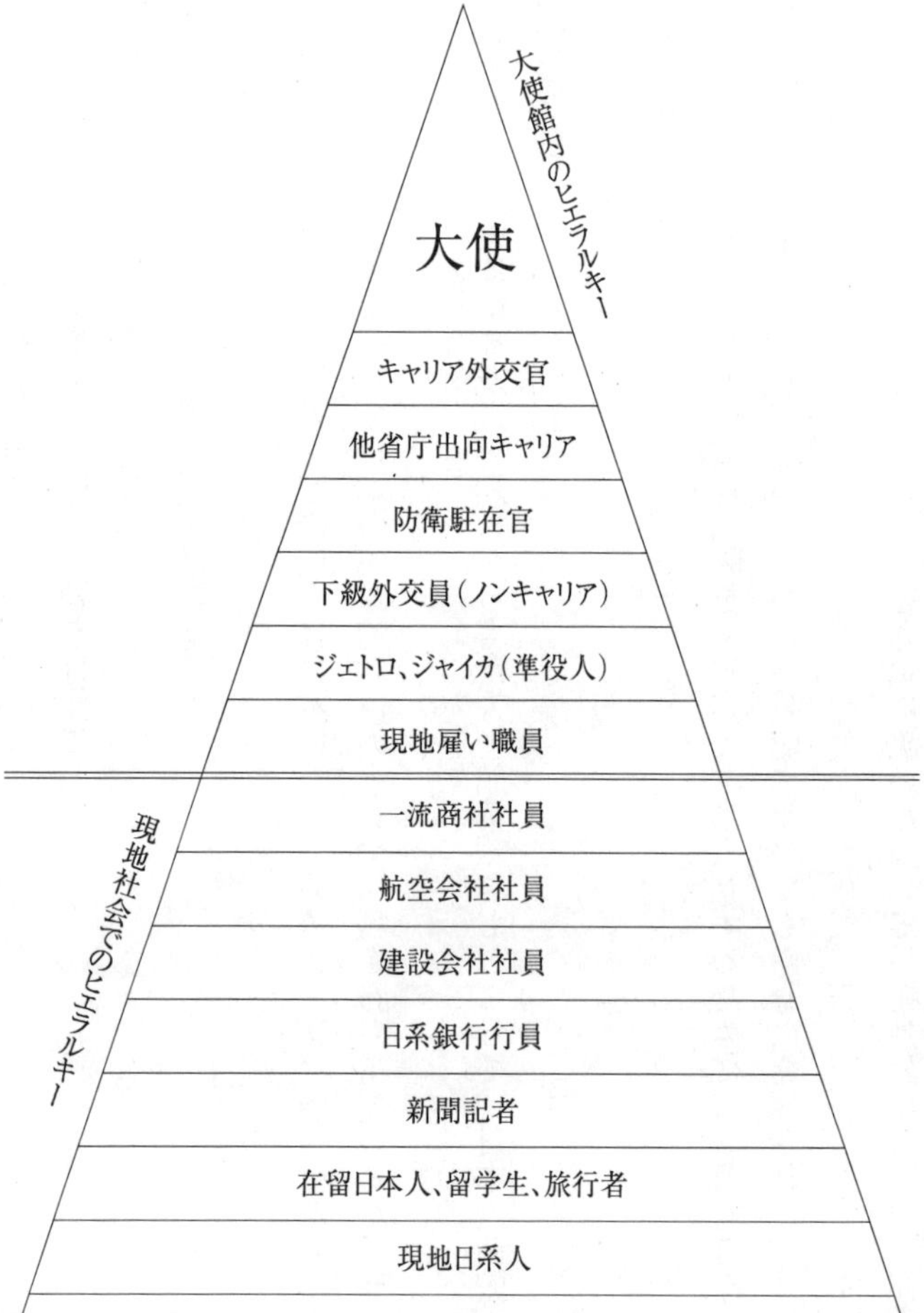
大使館内のヒエラルキー
大使
キャリア外交官
他省庁出向キャリア
防衛駐在官
下級外交員（ノンキャリア）
ジェトロ、ジャイカ（準役人）
現地雇い職員
現地社会でのヒエラルキー
一流商社社員
航空会社社員
建設会社社員
日系銀行行員
新聞記者
在留日本人、留学生、旅行者
現地日系人
現地住民（有色人種）

容を見ていきたい。

第一の、大使館が各国の首都に置かれていることは当然のことで、特に問題とすることはない。二〇〇三年版「外交青書」によれば、二〇〇二年度末における日本政府の在外公館の数は、大使館百十六、総領事館六十六および政府代表部七の合計百八十九である。また外務省の定員数は、五千三百二十九名、このうち外務省本省には二千百十四名が勤務し、在外公館には三千二百四十九名が勤務している。

第二の、「相手国政府との交渉や連絡を行うこと」については、現在の外交官の大半は戦後の自虐史観教育によって、憲法擁護・対アジア贖罪《しょくざい》意識で固まった人物が多いため、特に東アジア外交において、日本国家や国民が不利となるような交渉や連絡をしているケースが多いことである。

領土問題、漁業問題、教科書問題、靖国参拝問題、防衛問題、歴史認識問題、拉致問題、亡命問題など、どれをとっても相手国の有利になるような弱腰交渉しか行っていない場合が多く、名誉と誇りを重んじる国民は切歯扼腕《せっしやくわん》状態にある。

第三の、「相手国の政治・経済・軍事・社会・文化などの情報を収集し、日本へ送ること」については、むしろ相手側の主張を全面的に認めるような情報しか収集してこない。きちんと反論して相手側と丁々発止の激論を展開した外交官はほとんど皆無といってよいであろう。

二〇〇二年五月に鈴木《すずき》宗男《むねお》議員の受託収賄罪とともに、外務省費用の背任罪で逮捕された外務省の元主任分析官・佐藤優被告は、ノンキャリア（非エリート）ではあったが、「佐藤機関」といわれる「対ロシア情報収集・分析チーム」という組織を、正式な決裁を受けて発足させた。しかしその活動資金は青天井の状態で、部下の人選もすべて佐藤被告に任されていたといわれる。

だが、こうした情報収集や分析の最終責任者は本来、キャリアといわれる正式な外交官が務めなければならないが、キャリアはこうした仕事をノンキャリアに任せていると、多くの批判がその周辺部から出ている。

軍事・防衛問題に至っては、もっぱら米国に依存する体質のため、相手国の正確な情報をとっていない。

第四の、「在外日本人の生命と財産を保護すること」についても、海外に駐在する日本人ビジネスマンや家族、留学生あるいは旅行者に対し、傲岸不遜な態度で接触する者が多く顰《ひん》蹙《しゅく》を買っているほどだから、海外で万一犯罪や軍事紛争に巻き込まれた場合は、米国や欧州諸国の大使館に頼ったほうが安全であるという冗談話ができ上がっているほどである。

日本のODA援助先トップ5

| 年 | 1 位 | 2 位 | 3 位 | 4 位 | 5 位 |
|---|---|---|---|---|---|
| 1993 | 中　国 | インドネシア | フィリピン | タ　イ | インド |
| 1994 | 中　国 | インド | インドネシア | フィリピン | タ　イ |
| 1995 | 中　国 | インドネシア | タ　イ | インド | フィリピン |
| 1996 | インドネシア | 中　国 | タ　イ | インド | フィリピン |
| 1997 | 中　国 | インドネシア | インド | タ　イ | フィリピン |
| 1998 | 中　国 | インドネシア | タ　イ | インド | パキスタン |
| 1999 | インドネシア | 中　国 | タ　イ | ベトナム | インド |

日本のODA援助先の第1位は、1993年以降1996年、1999年を除いて中国であった（1996年と1999年の第1位はインドネシアで、中国は第2位）。『軍事データで読む日本と世界の安全保障』より

## 「国際交流基金」が立場を悪化

第五の、「経済を中心に相手国を援助すること」についても、対中ODAに見られるごとく、いいように中国に大金を毟《むし》りとられてきている。

中国は原子力潜水艦を六隻も保有し、核弾頭は四百五十発以上、弾道ミサイルも数百発を保有しているうえに、人間を宇宙船に乗せて打ち上げるほど経済的に豊かな国となっているが、依然として経済援助を続けている。

また中国は外貨準備高においても日本に迫る世界第二位の国であるうえに、中国自身がインドネシアをはじめとする途上国に巨額の経済援助をしている国家である。

しかも、援助額の決定は政府が行うが、決定された金額を赴任国の途上国で配布したり、プロジェクト推進のために企業を選定する権限などは、各大使個人に与えられている。

こうした権限を与えられているために、大使は業者から援助額の一～三パーセントのリベートを受け取り、日本の都市

銀行に預金を重ねているという話が、必ずつきまとっている。

第六の、「日本を理解してもらえるような広報活動を行うこと」に関しては、第二次世界大戦に至った事情や原因が、一方的に連合国側の主張と宣伝に終わっていることを強く打破する必要があるにもかかわらず、そうした反論や講演を赴任地でほとんど行っていない。リットン調査団の密約（前述）や、パールハーバー事件あるいは東京裁判や南京虐殺事件などの謀略・捏造《ねつぞう》を、究明・糾弾《きゅうだん》さえしていない。

これでは、外国は真の日本や日本人を理解するはずがない。逆に外務省傘下の「国際交流基金」などが日本の立場をさらに悪化させるべく活躍しているのである。

## 外交官以上に活躍する「寿司」

第七の、「相手国と友好関係を増進すること」に関してだけは、日本の外交官は極めて熱心である。ただし、日本の外交官が考えている友好増進とは、日本と相手国の祝祭日に大使館や総領事館などで大々的なパーティを催し、豪華な飲食物を揃えて接待することである。

ペルーの日本大使公邸で開催されていた豪華なパーティ会場が、ゲリラ組織に襲われ大量の人質が百二十七日間も閉じ込められた事件は記憶に新しい。

筆者もいくつかの外国大使館主催のパーティに出席したことがあるが、米国大使館でさえ極めて簡単な飲食物で済ませているのに対し、日本大使館主催のパーティは、どこの国で開催しても極めて豪勢である。もちろん、これらの費用はすべて国民の血税から湯水のごとく支払われているのである。

たとえ友好増進のためとはいえ、日本が過去にＯＤＡや技術援助を行ってきた諸国で開くパーティは豪華にする必要などない。むしろ援助を受けた国こそが日本人を豪華に接待するのが当然なのである。それゆえ、ＯＤＡなどの援助を行ってきた国家における日本大使館パーティは、天皇誕生日の一回だけでよく、もちろん豪華になどする必要はない。

ただし、大使館主催のパーティで、外交官以上に活躍しているものがある。それは人間ではなく食膳に供される「寿司」である。大使館には専門の寿司職人がおり、パーティなどでは必ず日本食の人気の一つとして出される。

寿司は、欧米人はもとよりアジア人、中近東人、アフリカ人など、ほとんど世界中の人々の人気食品である。特に欧米では寿司の美味しさと、健康によいという点で人気があり、各国の主要都市では高級料理としてもてはやされたり、町のデリカテッセンなどで手軽に手に入れることができる。

それゆえ、日本としては「寿司」を外交上の武器として、各国首脳を東京に呼び寄せて会議を開催したり、国際スポーツ大会を開催したり、国連の国際機関などの招致に利用すればよい。あるいは日本や日本人を尊敬したり、高く評価する人たちには寿司を届けるなどしたほうが、外交上の成果が上がるのではなかろうか。

## 自分の立身出世に最重点

第八の、「日本からのVIPの接待を行うこと」については、日本から海外視察に訪れる政治家、外務省をはじめ各省庁からのキャリア官僚の視察旅行、皇室関係者などの来訪に際して下へも置かない接待サービスに努めることはよく知られている。つまり、在外公館の大使や参事官などの外交官にとっては、本来の外交よりも自分自身の立身出世に最重点を置く対応をしているとしか思えない行動をとっているといってよいであろう。

現在は、企業にとっては製造物責任、大学にあっては教員評価システムが厳しく適用され、激しい競争社会を勝ち抜く知恵を絞っているのが実情である。だが、公務員とりわけ日本国家以外で仕事をする外務省官僚に対しては、評価システムが適用されていない。

国内の公務員であれば、国民や社会一般がマスコミなどを通して、公務員の仕事ぶりを逐次知ることができるが、海外にある公館や外交官の仕事ぶりなどは一切報道されないから、知ることができない。

たとえスキャンダルがあったとしても、相手国とのトラブルでない限り、大使館内部や外務省内部でもみ消されてしまうから、マスコミ報道さえもない。したがって外務省や在外公館に勤務する外交官の評価を、国民はできないのである。

一方、外務省の一年間の経費は、二〇〇一年度で七千六百三十四億円である。これほどの予算を使っていながら、その収支決算報告書が国民の前に明らかにされないことこそが問題なのである。

すなわち、外務省職員に支払われる給与総額と、人件費の占める割合、被援助国へのODAはどのように使用されたのか、友好増進のために開いたパーティの回数と費用、日本からのVIPへの接待内容などが国民に正しく公開されることが必要なのであるが、これまで一度も国民に知らされたことはない。

もちろん、機密情報を得るために使用された経費と内容に関しても、一般公表は不可能としても、米国のように上院や下院で「外交委員会」を構成する政治家にはきちんと報告している国もある。

日本の場合にも、米国方式を真似して国政を預かる国会の外務委員会だけには、その収支決算報告書を提出して了承を得る必要があろう。もちろん、国家機密であるから漏洩《ろうえい》した場合には、政治家といえども厳しい罰則を科す法律も同時に制定しておかなくてはならない。

前述したように大使館の仕事は、日本国家を代表している大変重要な仕事であるが、問題はこうした仕事を国家や国民が期待するように遂行しているか否かである。

## 防衛駐在官の意見を無視

一九八〇年九月二十二日に本格的にイランとイラクが八年間にわたる戦争をはじめたが、外務省はこの時も日本国民に経済的大損害を与えている。一九七九年にそれまで親米国だったイラン・パーレビ王制が打倒され、宗教家のホメイニ師が元首となる革命が勃発《ぼっぱつ》した。パーレビ王制がなぜ倒されたのかといえば、石油の利権を握ったパーレビ国王が、早急な近代化政策を進めるためにイスラム文化を軽視し、西洋文化を多く取り入れて米国との親密度を深め、同時に軍の近代化も進めて米国製最新兵器を大量に購入していた。

このためイランは湾岸地域ではもっとも強大な軍事国家となり、イラクなどとの領有権争いでは優位な外交を展開していた。

また日本も米国と歩調を合わせる形で、政府開発援助（ODA）をイランに実施し、イラン情勢が不穏になる一九七〇年代中頃には、アバダン市に石油精製工場の建設を計画した。アバダン市は、シャトル・アル・アラブ川に面しているが、この川はチグリス川とユーフラテス川が合流し、百キロほどの距離をイラン・イラク両国の間を流れてペルシア湾に注ぐ大河である。

外務省は建設省（当時）とも合同で調査を実施し、立地条件などを検討した結果、建設を担当する三井東洋化学会社にゴーサインを出した。

だが、イランの首都・テヘランの日本大使館に防衛駐在官として派遣されていた陸上自衛官のS氏は、中東やイラン・イラクの歴史や現状を調べた結果、イラクとの国境に近いアバダンに重要施設を建設することは、万一の場合攻撃され破壊される危険があるとして、イラクとは距離が離れたインド洋方面に建設することを提言した。

しかし、在イラン日本大使や外務省は、この意見を取り上げることなく、工場建設を決定した。建設は革命騒ぎにもかかわらず順調に進み、一九八〇年の八月にはほぼ九分通り完成に近づいていた。

ところが、イラン革命によってホメイニ師がトップとなると、それまでの近代化政策を放《ほう》棄《き》し、軍隊も大幅な粛清を行って軍事力を縮小してしまった。

イランの軍事力が低下したのを見たイラクのフセイン大統領（当時）は、領土奪回のチャンスと見て一九八〇年九月二十二日、イラン領に対して侵攻を開始した。

当然のことながら、国境に位置するアバダンも空爆の対象となり、イラク空軍の攻撃で日本が建設した石油精製施設も無惨に破壊されてしまった。工場再建のための調査が行われたのは、イラン・イラク戦争が終了してからであるが、完成させるには簡単な補修では無理で、改めて一からやり直すしか方法がないことが判明した。外務省はやむをえず、政府と相談してアバダン石油精製プロジェクトから全面撤退をすることに決定した。

この決定に対し、イラン政府は契約違反であるとしてクレームをつけたため、日本政府は違約金として五百億円をイラン政府に支払って撤退をした。もちろん、石油精製工場建設費も違約金も国民からの血税であったことはいうまでもない。

しかも、防衛駐在官の意見を取り上げなかった外交官などの責任は、一切不問に付され闇《やみ》に葬られてしまった。

## 今の日本外交では領土も失う

日本は戦後、侵略のための軍事力と交戦権を放棄するとして憲法にまで謳《うた》ってきたが、それは憲法前文にもあるように、日本が「諸国民の公正と信義に信頼」してきたからである。だが、世界はそんな理想的・空想的な平和主義思想などもつはずはなく、国際政治はあくまでもパワー・ポリティックス（権力政治）としてしか捉えられていない。そうであればこそ、一国の外交も国益の表出とGive and Take（取引）の手段として行われるのである。

日本はその点に思い及ばず、金銭的援助や技術援助を行えば、相手国は喜んで領土を返還してくれるものと思って、巨額の資金援助や技術援助を行い当事国の歓心を買おうとしてきた。だが、彼らの認識は全く違うのである。日本が金や技術をくれるのならば、ありがたく頂戴しておくが、そのことと日本から奪った領土を返すこととは、全く次元の違う話であると考えているのである。

つまり何を援助しても、いったん奪い取った領土は決して返さない、というのが基本的姿勢である。

領土問題解決のために、国際機関に調停や裁定を依頼しようと相手側に提案しても、彼らはそんなことをすれば必ず負けるとわかっているから、決して応じようとしない。負けるという意味は、自国の主張が間違っていると考えているからである。

このことは、ソ連やロシア大使館の武官などと領土問題を話し合うと、彼らは日本の主張が間違ってはいないことを認めたうえで「でも、日本は戦争で負けたでしょ。どうしても取り返したいならば、戦争で勝つしかないですよ」と嘯《うそぶ》く始末である。

同じことは、竹島の場合にも当てはまる。もしも韓国から竹島を返還させようとするならば、軍事力によって取り戻すしかないのである。尖閣諸島を中国領土としてしまっている中国政府に、日本領土と書かせるには、同様に軍事力で圧力を加えるしか方法はない。

逆説的にいえば、日本が領土を回復するには、彼らに勝る軍事力を保有して、それを背景に交渉に臨まない限り、永久に返還などありえない話である。だから相手側は、日本が泣き寝入りをし、諦《あきら》めてくれる日を根気よく待つだけでよいのである。

## 人当たりがよいだけでは失格

もちろん、外交官が国際社会の中で日本という国家を代表する以上、日本国家、日本民族そして日本文化を誇りに思い、日本の歴史や世界の歴史にも通暁していなければならないことはいうまでもない。

さらに外交官である以上は、国際法にも詳しくなければならず、相手から揚げ足を取られないよう、交渉相手の国の事情・文化・歴史なども充分に情報として仕入れておく必要もある。

そのうえで、国家の利益を常に第一に考えて、責任感をもって相手と丁々発止の話し合いと取引ができ、なおかつ大局に立った判断と決断ができなければならないが、以上の条件を備えた外交官が戦後の外務省にいたであろうか。

ロシアとは領土・漁業問題、シベリア抑留問題、米国とは貿易摩擦、沖縄での日米地位協定、知的所有権、航空以遠権などの諸問題。

中国とは歴史認識、靖国参拝、教科書、南京虐殺、領海侵犯、尖閣諸島、ODA、ガイドライン問題、瀋陽亡命事件など。

韓国とは教科書、靖国参拝、竹島、強制連行、従軍慰安婦問題など、どれ一つとってもこれらの交渉にあたった外交官は、国家の危機管理も含めて国益や日本人の利益を満足いく形で決着していない。以上の事案を見ても、現在の外交官選抜制度がいかに不適当かがわかるであろう。

外交官という場合には、必ずしも大使だけではない。大使館に勤務する書記官も領事館に勤務するノンキャリアの官僚も当然外交官である。正直かつ誠実な態度で外国政府との連絡・調整をうまく処理し、また低姿勢で人当たりもよい人物はノンキャリア官僚の中に多いが、これだけでは外国人との折衝《せっしょう》にあたる資質としては失格である。

同じことは、日本国民一般にもいえる。人のために奉仕をしようという気持ちをもつことは大切であるが、これをボランティアで実行しようとする場合、国や他人を頼ることは慎むべきなのである。ボランティア活動は、あくまでも自己責任において行う必要がある。

二〇〇四年四月八日にイラクの武装組織に捕まった日本人三人は、混乱の続く危険地帯へ行くことに際し、万一の際は死を覚悟して充分な危険対策をしただろうか。平和の心と人当たりが柔らかならば、誰も危害を加えないと考えてはいなかっただろうか。

### 武士道精神が世界に欠けている

そしてもう一つ、日本の外交官に欠けているものに「武士道精神」がある。この武士道精神は、実は国際社会で必要とされているものである。

多くの歴史研究者が今、注目していることは、なぜ日本人は欧米白人国家や中華帝国から侵略を受けなかったのかという点である。そして、その解答を一様に「武士道」あるいは「さむらい魂」というものに帰結することで一致している。

では、武士道とは何か、であるが、これは儒教と比較するとよりわかりやすい。すなわち儒教の根本精神は、仁、義、礼、智、信であるが、武士道精神では智と信の代わりに、「勇」と「誠」を根本精神としてかかげている。

「勇」は正義、節義などと密接に結びついた言葉で、「義を見てせざるは勇なきなり」の諺《ことわざ》にまでなっている。つまり正義や節義を通すためには勇気が必要だが、場合によっては死ぬことも厭《いと》わずと考えていた。

また「誠」というのは真実の心をいうが、その心を武士が表現するのは当然ながら「言葉」となる。したがって武士の言葉は責任を伴うものであり、極めて重みがあった。

すなわち、「武士に二言はなし」という意味は、武士のいうことは真実で嘘はない、もしくは武士の約束は証文なし、ともいわれるもので、それほど武士の言葉は誠（＝真実）があった、ということである。

キリスト教社会やユダヤ教社会、あるいはイスラム教社会や儒教社会などで発展した「契約」の概念は、武士の社会では本来不必要なものであった。したがって、武士は己の言葉を疑われれば、それは名誉を奪われ恥を受けるのと同じと考え、その場合には死（切腹）をもって自らの真実を証明することを決して逡巡《しゅんじゅん》しなかった。

このことは鎌倉期以降の時代において、恥を受けたり疑われたりした武士は、皆いさぎよく切腹をした記録が随所に残っていることでも明らかである。

### 誤った歴史認識を正すこと

日本人が生みだした「武士道精神」は、日本人外交官こそが強く保持し、乱れ切った国際社会に普及しなくてはならないが、残念ながら現在の日本外交官にイラクで殉死した奥大使や井ノ上一等書記官を除いて真のサムライはいない。

武士道精神と日本人の論理・行動が世界の人々に知られるにつれて、国際連合においても安全保障理事会の常任理事国メンバーとして日本を迎え入れることに、世界中の国々は賛意を表している。もちろん、これにはこれまでの国連分担金への協力、ODAでの積極的支援、PKOでカンボジアやゴラン高原での活躍、そして国際緊急援助隊などの国際的貢献が大きく寄与している。

考えてみれば、国連安保常任理事国の五ヵ国は、すべて遊牧民的資質の国家ばかりである。国際紛争の平和的解決を進める意味でも、世界は一九九二年以来、日本の登場を待ち焦がれているのである。拒否権をもつ常任理事国も四ヵ国は、日本の加盟に賛意を表しているが、唯一、中国だけが日本の加盟を反対し続けているために、実現できていないのが実情である。曰《いわ》く「日本人は日中戦争の反省をしていない」。

それゆえ、日本人外交官と外務省がしなければならないことは、武士道精神を広めることと、世界で誤解されている東アジアの近現代史の「真実」を、総力を挙げて伝えるキャンペーンを十年がかりで行うことである。特に、中国政府が官民挙げて世界中で宣伝これ努めている「南京虐殺事件」の真相を、大使館、総領事館、領事館に勤務する外交官が、赴任地の各地で講演し誤解を解くことである。

だが、その前に近現代史の真実を明らかにして、誤った歴史認識をまず日本人から正しておく必要がある。

なぜなら戦後の東アジアに関する近現代の歴史は、中国や韓国、北朝鮮が満足するような内容に満ちており、日本人はみな贖罪《しょくざい》意識にとらわれているからである。

もしも筆者の説明する歴史が誤りであると思うのならば、相手国と共同の調査委員会を立ち上げて真実を解明すればよいのである。

## 二──歪曲《わいきょく》したままの歴史

### 満州は漢民族中国の土地ではない

さて、日本が中国大陸を侵略したと考えているのは、中国人や韓国人、北朝鮮人だけでなく、戦後の歴史教育を受けた日本人も同じであるが、その基本的考えは二つある。

**第一に、満州という土地に対する認識である。**贖罪感をもつ人々は、「もともと中国人の居住地である土地」という認識であり、これを日本が侵略したと批判するわけであるが、満州は本来中国人（漢民族）の土地ではないのである。

満州が漢民族の土地ではない証拠は「万里の長城」である。中国大陸をはじめて統一して「始皇帝」を称した秦国の王・政は、北方遊牧民族の南下を防ぐために渤海湾に面する秦皇島（山海関）から、西域地方まで六千四百キロに達する巨大な壁を築いていった。

つまり満州地方や蒙古地方は野蛮人の住む土地として、漢民族の居住地とは明確に区別し国境としてきたのである。

秦帝国が滅びて後を継いだ漢帝国や魏、晋、隋、唐、宋、明などの帝国も、万里の長城を漢民族と遊牧民族との国境としてきた。わずかに蒙古族率いるフビライの「元帝国」と、満州民族である「清帝国」が万里の長城を含めて帝国領土としただけである。

しかも元も清も出身地である蒙古地方や満州地方を「聖域」として、皇帝の直轄地とし漢民族の移住を許さなかった。万一、帝国が崩壊した時に中華の土地から逃げて安住するための故郷の地としてもっていたかったからである。

したがって、最後の王朝である清帝国が倒れる一九一一年まで、満州という地方は中国人(漢民族)の領土ではなかった、ということをまず理解しなければならない。

中国人が満州地方を中国人の土地といい出したのは、一九四九年に共産党が国民党を台湾に追い出して満州を占領してからである。共産党政権は国定教科書で、満州を中国東北部と呼んで、あたかも前々から中国の一部のような教育をし続けてきただけである。

### 漢民族は文句をいわず

事実、清帝国では一七〇〇年代から一八〇〇年代にかけて、何度も「満州封禁令」を発布し漢民族の満州への移住を禁止していた。

もっとも、万里の長城以南の関内（または正州あるいは本土）に住む一般の善良な漢民族たちにとって、関外にある満州の土地など全く興味がなかった。なぜなら山海関から北、つまり万里の長城から北は「化外の地」として恐れ、文明度の低い危険な野蛮人が住んでいるとして、中華の土地を離れるなど考えもしなかったからである。

自虐史観の人々は、この点の認識が間違ってしまっているのである。つまり、万里の長城以南に住む漢民族は、最後の清朝が倒れるまで、四千年間にわたって長城以北を「野蛮人の住む土地」として扱ってきたからである。

この考えは、ヨーロッパ文化の最高を誇るフランス人が、ライン川から東は、チュートン人という野蛮なゲルマン民族の住む土地として、数百年間にわたって恐れ、侮蔑し、差別してきたことと似ている。

それゆえ、ロシア帝国が一八五八年と一八六〇年に、満州北部と沿海州を清帝国から奪った時も、漢民族は誰一人として自国領土が侵略されたなどと思わなかったし、清朝やロシア帝国に抗議などする者がなかった。ただ、当時の漢民族一般の感情は「満州民族皇帝は可哀想だな」というくらいの感想しかもたなかったのである。

ところが日清戦争後の一八九五年四月、ロシア、ドイツ、フランスは日本の遼東半島領有に対して干渉を行い、一八九八年には三ヵ国はそれぞれ利権を得たが、とりわけ中国進出に遅れをとっていたドイツは、鉄道建設のみならずドイツ商品を大量に山東半島一帯から中国に流すとともに、キリスト教の布教にも力を入れはじめた。

このため、ドイツ製品のために経済的苦境に立たされた山東半島の下層労働者や流民などは、一八九〇年頃から次第に白蓮教の指導の下に集まった。やがて白蓮教集団は義和団といわれる反列強組織を義和拳法とともに広め、一九〇〇年には北京にある列強諸国の領事館を襲い、英国人宣教師を殺害するまで暴徒化した。

清国は、列強諸国のほとんどが遠距離にあるため、軍隊をアジアへ送ることは困難と見て、列強に対し宣戦布告を行った。だが列強諸国は日本をはじめ、米、英、仏、独、伊、墺、露など八ヵ国軍隊が海軍を主体に迅速《じんそく》に派遣され、義和団を鎮圧するとともに清国軍を撃破し「北京議定書」を締結させた。

### 根本から間違っていること

さて、**第二に「もともとよその国の土地に日本人が進出したことが間違い」という考え**である。

たとえ日本に有利な理由や根拠があったとしても、「もともと日本が大陸などに足を踏み入れさえしていなければ、満州事変や南京虐殺事件などは起こらなかった」という考え方である。この考えは非常にわかりやすいので、多くの日本人はこの論理に陥りやすいが、八十年前の世界的情勢および価値観から眺めると、根本から間違っているといわざるをえない。なぜなら前述の義和団事変後に、列強諸国が清国と取り交わした「北京議定書」を見れば、明らかである。

これは列強の領事館と自国居留民が住む租借地域に、本国の軍隊を駐留させる権利を清国に認めさせたものである。

すなわち、日本もこの条約によって清国内に軍隊を駐留させることになったのであって、自虐史観の人々が考えるように、日本が勝手に中国に軍隊を送り込んでいたと見るのは完全な間違いである。

しかも、列強諸国は清国を降服させて事件を解決すると、必要以外の軍隊を中国大陸から撤退させたが、ひとりロシアのみは満州地方全域を軍事占領したまま、清国や列強の抗議にもかかわらず撤兵せず居座りを続けた。のみならずロシアは満州から朝鮮半島をも窺《うかが》う姿勢を見せはじめていた。

特にロシアの南下を恐れた日本と英国はここに「日英同盟」を締結し、ロシアに撤兵を促したが、ロシアは撤兵を拒否したため、一九〇四年、ついに日露戦争が勃発した。

日露戦争によって満州が戦場となった時も、漢民族は誰も文句をいわなかったが、日本政府は戦後、清帝国に戦場使用料として百五十万円を支払い、ロシアも二百万ルーブルを支払っている。

そのうえ、日露戦争の結果、日本は満州地方に鉄道を中心とする利権を獲得する権利と、駐兵する権利とを得たが、この権益は清朝のみならずロシアも欧米列強のすべてが容認した国際的な条約であった。

それゆえ、日本が勝手に軍隊を送って満州の土地を侵略したと考えるのは全くの間違いであることに気がつくであろう。

## 中国人同士の争いで三千万人死亡

余談ながら、清朝が倒れた一九一二年から一九三〇年までの記録によれば、中国大陸で割拠した軍閥同士の争いによって、三千万人の中国人民が殺戮《さつりく》されている。この数字には日本軍との戦いによる犠牲者は含まれていない。

その殺戮は極めて残酷な方法で行われており、戦後、中国政府は、反日教育の材料に日本軍とは関係のない各種資料を、いかにも日本軍が行ったかのように戦争博物館に展示などしている。

筆者は二〇〇〇年六月に北京郊外の盧溝橋《ろこうきょう》にある「抗日戦争博物館」の中を見学したが、

ロシアのルバシカを軍服の上に着た兵隊が、捕虜に日本刀を突きつけている写真があったが、日本兵は軍服の上にルバシカなど、決して着用はしない。明らかに満州軍閥の兵隊であるが、中国人の見学者は誰も気がつかず、日本兵の残虐性だけを話題にしていた。

筆者は館長の張さんに抗議を行うとともに、中国の小学生たちに見せる残酷さを非難したが、平和のために見せていると嘯《うそぶ》いていた。

それはさておき、満州地方に経済権益をもった日本は、南満州鉄道の経営と二十三万日本人居留民の保護が必要と考え、折からロシア革命（一九一七年）によって誕生した共産主義の脅威を防ぐ目的もあって「関東軍」を設置したのが、一九一九年である。

以上の経緯からも明らかなように、日本が満州地方に軍隊を送り込んでいたのも、決して当初から無断で大陸を侵略する意図があったわけではない。

それゆえ、日本軍が大陸にいること自体が侵略であったとする考えは全く根拠がないことに気がつくであろう。

## 三——対華二十一ヵ条要求書

### 二千万円で満州の利権を売り渡す

また日中関係を最悪なものにさせたといわれる日本の「対華二十一ヵ条要求」(一九一五年)についても、もともとの発想と作成は「孫文《そんぶん》」にあったのである。一九一一年に辛亥《しんがい》革命が起こり清朝は倒されたが、革命の主役は袁世凱《えんせいがい》とそのグループであった。袁世凱グループは清朝における科挙に通った官僚や士官学校出のエリート集団で構成されていたのに対し、孫文が率いたグループは科挙の落第生や犯罪者などが多く杜撰《ずさん》な計画であったため、十回も革命を起こしてすべて失敗していた。

ただ袁世凱にしても孫文にしても、革命を起こすための資金に困り果て多くの借金を作ったが、革命が成功して新政府ができても運営資金がなかったため、各地に割拠する軍閥と提携する道を探るしか方法がなかった。

それでも資金不足に悩む彼らが考えたのが中国国内の鉱山採掘権や鉄道敷設権、あるいは租界などの商権を外国に売って資金を獲得する方法であった。

国内の各種利権とはいっても、それらの地域は軍閥が支配しているところが多かったが、袁世凱の場合にはまだ華北地方を基盤としていたから、比較的売却する個所が多く列強から資金を借りることができた。

しかしながら南部地方にいた孫文の場合には、利権に結びつくようなところがなかったため、漢民族にとっては化外の地である満州地方が鉱物資源が豊富であることに目をつけ、満州の鉱山や鉄道あるいは商業地の権利をはじめは米国に、そして次には英国にもちかけた。ちょうど、欧州では第一次世界大戦が勃発した一九一四年のことである。

だが国内に豊富な資源をもつ米国は、単に製品の輸出市場としてだけの中国を考えていたから、鉱山利権などには全く興味がなく、孫文の申し出をあっさり断った。

またドイツとの戦争で総力戦を展開していた英国は、それどころの話ではなく簡単に断ったため、孫文は今度は日本にやってきて、当時の日本円にして二千万円で満州の利権を売り渡す話を持ち込んだ。

## 二十一ヵ条の原案は英雄・孫文が

これに対して、遅ればせながら資本主義経済を発展させて、資源を喉《のど》から手が出るほど欲しかった日本はこれにすぐに飛びついた。しかも欧米露などの列強諸国が第一次世界大戦で、欧州に目が向きアジアには手を出すゆとりがないことを見澄まし、孫文の条件に加えるに中国を政治的にも支配しようと目論んで、二十一ヵ条要求として袁世凱政権に突きつけたのが真相である。

孫文が日本に提出した条件は、福岡に本拠を置く右翼団体・玄洋社の頭山満《とうやまみつる》の私邸に、孫文と二人の中国人、日本側からは外務省職員や海軍中将・秋山真之《あきやまさねゆき》も交えて条件が練られた。頭山満は右翼の巨頭として政財界に重きをなした人物であるが、彼は孫文をはじめインド人のビハリー・ボースや朝鮮人の革命家である金玉均《キムオクキュン》らを早くから支援し、日本政府が要注意人物として警戒していた孫文などを何度も匿《かくま》っていた。

孫文は死ぬまで頭山の恩を忘れず、死の床にあっても頭山のことを話し続けた。この話は、一九九一年にNHKテレビが「現代史スクープ」で報道しているのである。歴史教科書は、この事実を記述する必要がある。

日本が中国に突きつけた二十一ヵ条の要求は、当然ながら袁世凱政府や中国人民を驚かせたが、とりわけ新国家建設に燃える北京大学生や他の中国人学生を刺激し、反日運動を激化させていった。

だが二十一ヵ条の原案は、中国人が英雄と讃えている孫文によって作成されたという歴史的事実を、中国人も日本人も認めなければならない。

## 四――南京虐殺事件を捏造《ねつぞう》し宣伝

### 南京虐殺事件が嘘《うそ》である理由

さて、次に中国が謀略として利用している「南京虐殺事件」を取り上げてみたい。この問題は一九八〇年代中葉になってから、つまり日本が中国と国交を回復して数年経ってから、中国政府が一斉にこの事件を大々的に報道しはじめ、日本人の残虐性と補償がなされていない点を国際社会に訴えだした。

中国政府が主張する南京虐殺事件は、日中戦争が盧溝橋で発砲事件（一九三七年七月）が起き、日中全面戦争に突入した半年後の一九三七年十二月十三日に起きたといわれる。全面戦争によって攻勢を強めた日本は蒋介石軍を追って南京市まで南下したが、南京城に籠《こも》る国民党軍を攻撃した。

国民党軍は正規軍のほかに多数のゲリラ（便衣隊）で、南京市に入った日本軍と交戦したが、日本軍の攻撃に耐えられず南京を撤退し重慶方面に逃走した。

そして、この時に、日本軍は三十万人の中国人を虐殺する事件を起こしたと批難している。日本政府は、中国政府の批難に対して調査など一切せずにただちに謝罪し、歴代の首相が中国を訪問するたびに謝罪を述べてきているが、中国政府は日本の国会で謝罪の決議をするべきであるとして、執拗《しつよう》に国内・国外でキャンペーンを張っている問題である。

社会党（当時）から連立政権の首相となった村山富市《むらやまとみいち》首相などは、盧溝橋のそばに建つ「抗日戦争記念館」を訪れた際に、南京虐殺を謝罪する文言を墨黒々と書いたが、これが記念館の入り口に大々的に展示されている。

南京虐殺事件については、筆者も米国滞在中に種々調査をしたが、全くの「捏造」事案であるという結論にならざるを得ない。反論の材料をいくつか掲げると、

1. 一九三七年当時の南京の人口は二十万未満であり、日本軍の南下とともに南京市民はほとんどが避難をしてしまい、国民党軍の兵士十万が立て籠っていたにすぎず、三十万人など虐殺したくても物理的にできない相談であったこと。

2. もしも三十万人も虐殺したら、その死臭のために一週間は臭くて市内に入ることはできないし、当然ながら周辺に噂《うわさ》として広がるはずであるが、そうしたことはなかった。

3. 当時、南京市内には米国の宣教師が十四人いたが、虐殺に関して何も言及せず、米国に帰国してからも一言もいっていない。

4. また、当時の南京には欧米新聞社や通信社の記者がいたが、彼らも何も騒いでいない。
5. さらに、日本軍に従軍してきた日本人記者は、作家の石川達三《いしかわたつぞう》や大宅壮一《おおやそういち》などを含む百二十人がいたが、当時も戦後も何一つ言及していない。
6. ドイツのシーメンス社の南京支店長であったジョン・ラーベ氏が、当時の状況を日記で残しているが、日本軍が南京を占領したあと、中国赤十字社が調査したところ、四万人の死体が見つかったが、いずれも中国兵で便衣隊（ゲリラ）であったと記述している。

**決定的な証拠**

以上の資料によっても、南京虐殺事件は架空の捏造事件であることがわかるが、さらに決定的な証拠として、外交史の常識から説明しておきたい。それは、一九二六年に蒋介石軍は中国統一を目指して各地の軍閥を征伐《せいばつ》するための「北伐」をはじめたが、翌二十七年に南京に進攻してきた。

その際、一部の蒋介石軍兵士が、日米英などの領事館に侵入し、器物を破壊しただけでなく領事を殺害するなどの事件が発生した。このため、米英は艦隊を揚子江から遡《さかのぼ》らせ、南京市に対して艦砲射撃を行った。このため、南京市民二千人が死傷をしたが、蒋介石はただちに国際連盟に提訴した。

さらに一九三一年九月十八日、蒋介石軍の傘下に入った満州軍閥の張学良軍が、関東軍の満鉄爆破と同時に攻撃を受け、北大営《ほくだいえい》（駐屯地）からほうほうの態《てい》で逃げだした。いわゆる柳条湖事件（満州事変）である。この時も蒋介石は、事件発生から三日後、国際連盟に提訴を行っている。

わずか二千人が死傷しただけでも国際連盟に訴えた蒋介石が、南京虐殺で三十万人が殺されたにもかかわらず、一言も国際連盟に訴えていないのである。

彼が主張したのは、事件から九年も経った一九四六年の東京裁判の時であった。こんな馬鹿げた主張があろうか。

また三十万人もの多数の死者のため正確な数が把握できなかったから、時間がかかったという主張も嘘である。なぜなら一九三四年にイタリアがエチオピアに武力侵攻し、空からイペリットガスを無差別に撒布してエチオピア市民三十万人を殺害し、さらに直接戦闘や戦闘で捕虜になったエチオピア軍兵士を七十万人も殺害したため、エチオピアのハイレセラシエ皇帝は、調査のうえ百三万人が虐殺されたと、イタリア軍の侵攻から五ヵ月経った一九三五年四月に国際連盟に訴えているからである。

日本の降伏後、日本を占領した「ＧＨＱ（連合国最高司令部）」では、日本人や日本国家を何としても犯罪国家、犯罪者として糾弾したかったため、この「南京虐殺事件」という捏造事件を調査もせずに公式に取り上げ、南京占領当時の中支那方面軍司令官であった松井《まつい》石根《いわね》大将を絞首刑に処してしまった。

この東京裁判の主宰者である米英豪などは、現在ではこの時の裁判手続きや判決を恥多きこととして沈黙しているが、中国では自らの不都合を隠すため、必要以上に日本軍の残虐性を内外に訴え、子弟に教育をしてきている。

日中友好条約が一九七八年に締結された際、中国は過去の戦争時代のことは水に流し、相互に損害賠償請求を放棄《ほうき》すると宣言したから、日本は中国を最大の友好国と位置づけて、一九七九年からは最大のODA援助国として、経済と技術を援助してきた。

ところが、中国は、これに味を占め、日本人の贖罪意識を刺激すれば金も技術もさらに毟《むし》りとることができると計算し、首相の靖国参拝と南京事件をバーゲニング・パワーとして使いはじめた。

一九八五年までは、日本の首相参拝に一言も文句をいわなかった中国が、なぜ八五年以降強硬に批判するようになったかといえば、鄧小平《とうしょうへい》による改革・開放政策によって、共産主義経済を捨てたことによる貧富の差に不満をもった人民からの共産党攻撃を避けるため、人民の怒りを日本に向けさせる政策をとったからである。

つまり、「共産主義」から「愛国主義」へ乗り換える方法を採用したのである。江沢民は、さらにこれを徹底する戦略をとった。

まさに卑怯《ひきょう》な「謀略」なのであるが、戦後の自虐史観教育によって日本を犯罪国家と思い込んだ日本人は、まんまとこの謀略に乗せられてしまっている。

問題は、日本人外交官がこれらの事実をはっきりと旧連合軍諸国に伝え、かつ不当処置に対して抗議できるか否かなのである。

## 五――戦争はなくならない

### 安全保障論を排除してきたツケ

外交が軍事と常に表裏一体の関係にあることは、これまで述べてきた通りである。戦後の日本人は戦争絶対反対、平和主義一本槍で突き進んできたために、国際社会の現実を見失ってしまった。

それゆえ、第二次世界大戦が終了したあとも、世界の各地で軍事紛争が毎年のように発生しているのを見ても、彼らはなぜ話し合いをしないのであろう、なぜ武器を使用して殺傷し合うのであろうと首を傾げてきた。

その結果、貧困が原因ではないか、豊かになれば戦争など起こすはずがない、あるいは武器をもたなければ戦争は起こるはずがない。だから日本は武器を一切輸出禁止にしてしまおうと考えて武器輸出三原則まで作りだしたが、それでも戦争はなくならないし、それどころか核兵器や弾道ミサイルを保有しようとする国家が年々増えているのが実情である。

日本人は憲法で戦力の放棄《ほうき》や交戦権を放棄している日本に対しては、どこの国も攻めるはずがないと勝手に思い込んできたが、驚いたことに、隣国の北朝鮮が日本に核弾道ミサイルやゲリラ部隊を送り込んででも制裁すると明言しているのである。

実は「安全保障論」などの学問を勉強すれば、「世界から戦争がなくならない」ことは至極当たり前なのであるが、戦後の教育では、軍事や防衛などという学問は大学教育から完全に排除されてしまったために、多くの日本人は国際社会の現実が見えなくなってしまった。

だが、遊牧民国家の欧米主要国では、必ず、大学のカリキュラムの中に「安全保障論」や「危機管理論」などの科目を置いて、世界から紛争が絶えない現実を直視し、そのためにはいかに対処するべきかを教育しているのである。

教育を受けた欧米の学生たちは政治家となるよりも、多くは民間企業や公務員として就職し一般国民として生活をするが、国際社会の現実を認識しているため、政府の現実的対応を支持する選挙民となっている。

英国やフランスが核兵器や弾道ミサイル、そして原子力潜水艦あるいは空母などを保有する決定をしても、国民は決して反対しないし、武器輸出では政府だけでなく国民もこれを支持することになる。

ドイツの場合でも、国民は憲法を何度も修正し、軍隊のNATO域外派遣に対しても賛成する認識を示している。

## 世界から戦争がなくならない理由

では、世界から「戦争」がなくならない理由とは何かというと、六つほどある。

第一に、世界は同じ価値観をもつ政治的共同体ではないことである。米国もロシアも共和国を名乗ってはいるが、その政治制度は全く異なるし、英国も日本も同じ立憲君主国ではあるが、国王と天皇の国事行為は異なるし選挙制度も異なっている。

中には北朝鮮のように金正日個人による独裁政権の国もあるし、ミャンマーのように集団で行う軍部独裁政権もある。また中国のように共産党独裁政権もあれば、イランのように宗教者が政治のトップに座っている政権もあって、政治に対する価値観は全く異なる。

第二に、かつての大英帝国やモンゴル帝国、あるいはローマ帝国のように、強大な軍事力と経済力を背景とした超大国が存在して、世界政治を指導したが、現在はそうした超大国がない。米国は軍事力こそトップだが、経済や技術面では必ずしもトップとはいえず、その証拠に、米国大統領の警告に反対する国家が多いのを見てもわかるであろう。

北朝鮮のような小国であっても平然と米国に楯突くほどであるから、フランスやドイツなどが米国を無視する行動をとっても誰も驚かない時代となっている。

第三に、どの国の政治家も国家政策を遂行した時、常に成功して国民が喜ぶとは限らない。中には失敗する政策もあるが、その場合、政治制度や選挙制度が成熟した国家では、選挙によってトップを替えることができる。

ところが、選挙制度が未熟な国家の場合、もしくは独裁政権の場合には、国民の不平・不満は直接に政権担当者である個人や、独裁政党に向けられ、暗殺やクーデターあるいは反乱などが発生する危険がある。

独裁者や独裁政党にしてみれば、そうならないために、隣国や他国の責任に転嫁して自己の失敗を隠そうとする者が多い。

あの国が悪いとか、あの国が反対しているから自国経済がいつまでも悪いのだ、という宣伝や教育をせっせと行って国民の不満を外に誘導してしまう。日本や米国などは、こうした国家の格好の標的として利用されている。

世界と日本の国家構造

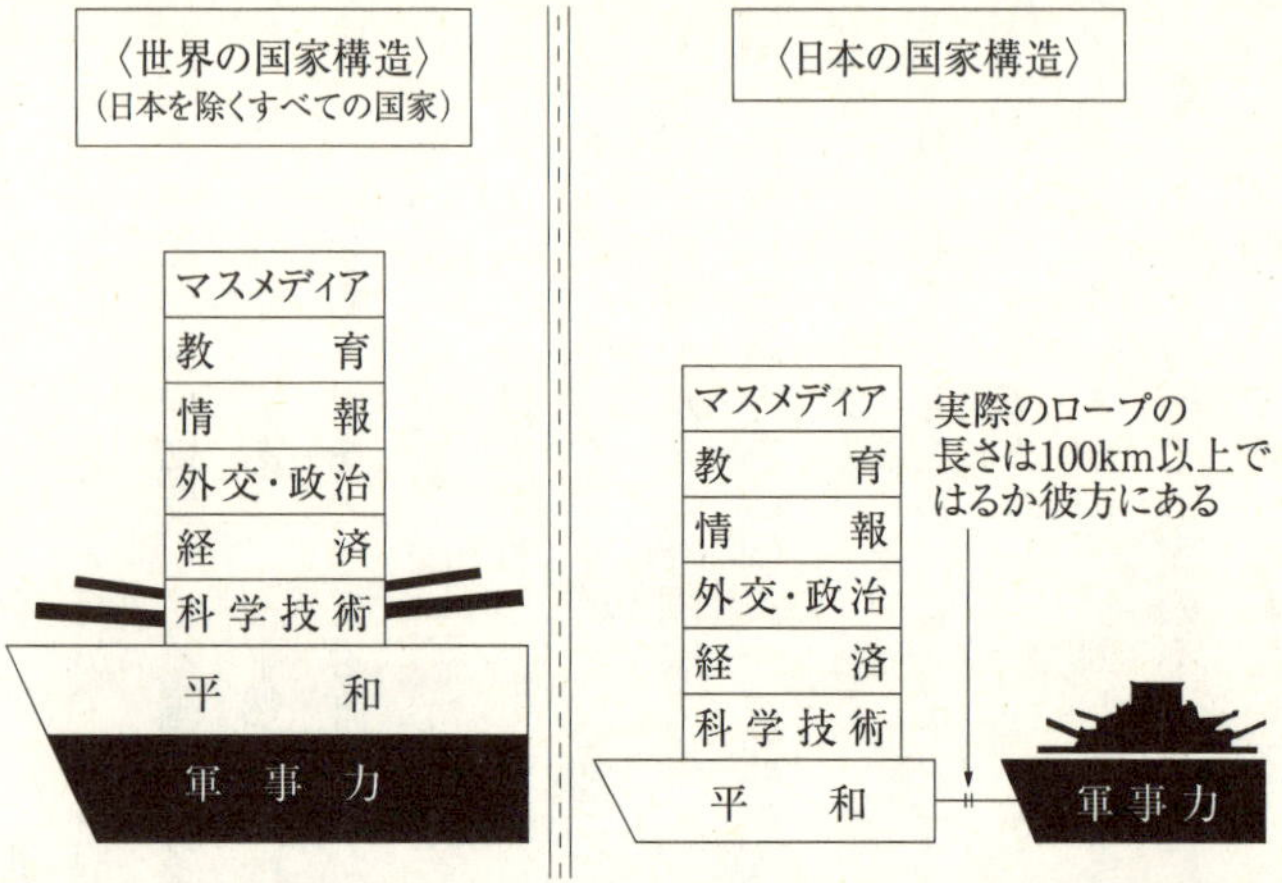


## 国際社会の現実を見つめた外交に

第四に、国家が危急存亡に陥るような事態が起きた時、国連や大国あるいは同盟国に仲裁に入ってもらったり、当事国に対して話し合い（外交）を申し込んでも、相手は話し合いなど一切無視して軍事力で侵攻してしまう。一九九〇年八月二日のイラクによるクウエート侵攻が、その好例であるし、八〇年のイラクによるイラン攻撃、七九年の中国によるベトナム侵攻、イスラエルとパレスチナとの紛争もこの例である。

どこの国も、そうならないために軍事力を保有し、近代化して他国から侵略を受けないだけの戦力を保持するのである。ということは、国家の構造を船体に例えると、通常の国家の船体は「外交（話し合い）と軍事力」の二つから成り立っており、問題が発生した時はまず外交で処理するが、それが駄目な時にはすかさず軍事力を前面に出して、解決を図ろうとする。

時間的に間に合えば、同盟国が救援にきてくれるし、こられない場合には国連が乗りだして話し合いの場を提供してくれる場合もある。

イラクのクウェート侵攻の場合は、時間的に全く間に合わなかった。これに対して、日本国家の船体はすべて「外交（話し合い）」だけでできており、その上に政治・経済・科学・教育などを乗せているから、荒海の場合は港に入って外洋には出ない。

それでも出航せざるをえないという時には、米国という巨大船の後ろにくっついて航海をすることにしている。自衛隊はいるが、国家構造つまり船体に組み込まれておらず、はるか離れた後方をロープで繫がれているにすぎないから、国家が「いざ鎌倉」の時には役に立たないのである。

一方、北朝鮮の国家構造は、船体が九十パーセント以上軍事力だけででき上がっている国家であり、残り一割が外交である。

中国という国家を支えている船体は七十パーセントが軍事力、三十パーセントが外交であるが、軍を握っているのは国民ではなく共産党であるから、共産党が弱体化しはじめると軍事力に力を入れる体質となっている。

第五に、国連やNGOの調査によれば、世界には七千の民族・部族が存在し、六千三百の言語が使われているという。ところが、七千のうち三千五百の民族・部族は独立を志向していることも調査からわかっているのである。ということは、今後三千五百近い独立紛争が生起する可能性があるということでもある。

現在でも盛んに独立運動や反政府活動を行っている民族や部族がいるし、それを力で抑えつけようとしている国家もあり、テロやゲリラによる攻撃で多数の死傷者が出ている地域もある。

第六に、宗教上の対立からくる紛争である。もちろん、宗教単独ではなく、それに付随して民族・部族・歴史・地理・習慣・伝統・言語・教育・文化などが多く入り混じって紛争解決を困難にしている。

特に一神教といわれるユダヤ教、キリスト教、イスラム教の対立は、根深いものがある上に、宗教創始者の時代に戻るべきとする原理主義を唱える者もおり、紛争は複雑さと混迷を深めているのが実情である。

日本は四方を海に囲まれて、大陸国家の異民族との交流がなかったために、こうした争いの原因をほとんど実感せずに、ただ「平和」だけを叫び続けてきたが、国際社会の現実を今こそ見つめた外交を展開する必要がある。

そのためには「安全保障論や危機管理論」などの教育もして、遊牧民国家の資質や外交などを稲作民と比較することが必要である。

## あとがき

二〇〇三年という年は、徳川家康《とくがわいえやす》が江戸に幕府を開いてからちょうど四百年、また一八五三年にペリーが日本に来航し、国際社会に向けて門戸を開放してから百五十年の年となった。この間、条約改正、日清戦争、三国干渉、義和団事変、日露戦争とまさに激動の外交と戦争の時代が続いたが、同時に日本の国際的地位は上昇を続けた。

第一次世界大戦が終わってみれば、日本は五大列強国の一つであり、有色人種としても唯一列強諸国の仲間入りを果たした。

幕末以来、白人諸国に叩かれながらも、日本がここまで国力を伸張できたのは、勤勉な国民性とともに、国家の舵取りを行ってきた政治（外交）、経済、軍事のリーダーたちが優れた資質を保持していたことと、三つの分野がそれぞれバランスを保っていたからであった。

しかし日本は、五大列強国の一つになった頃から、三者それぞれが驕《おご》りと傲慢《ごうまん》の谷間に陥ったただけでなく、相互間の歯車も狂ってしまって勝手な方向を向いてしまった。驕りと傲慢は、特に軍人と外交官にひどく、軍事や外交のプロであるはずの人たちが、素人以下の作戦や外交を行って日本を敗戦に導いてしまった。

未曾有《みぞう》の敗戦となって、軍人は茶番ともいえる東京裁判で外国人から厳しく裁かれただけでなく、すべての公職から永久追放を喰《く》らってしまった。後を継いだ自衛隊に対しても、日本社会は長い間、白い目を向け、本来の軍隊としての機能を発揮させないよう、弱い軍隊にさせておこうと、厳しい監視が行われてきている。

一方、敗戦の責任をすべて陸海軍に負わせてしまった外交官をはじめとする中央省庁官僚たちは、占領軍だけでは日本の行政が困難なため、ごく短期間の追放で公職に復帰できる幸運を享受し、ほとんど第二次世界大戦の反省と責任をとることなく職場に復帰してしまったのである。

本書でも指摘した通り、日本以外の国際社会はほとんどが大陸民族国家であり、遊牧民的資質の人たちなのである。戦後の日本は、政治は政治、経済は経済、と分けて考えてきたが、本来、国家というものは「政治、経済、軍事」の三つが三本柱として成り立つだけでなく、三者が密接にリンクしてこそはじめて力が発揮できるのである。

戦前の軍部の横暴を恐れる余り、「羹《あつもの》に懲りて膾《なます》を吹く」状態を続けているのが、現在の日本である。

しかしながら、現在の国家試験I種のような記憶力や理解力、そして判断力（記理判＝キリハン）パワーを求める試験では、集まってくるのは創造力、指導力、決断力（創指決＝ソウシケツ）パワーに欠けた者ばかりで、遊牧民的国家や資質をもつ外国人と、外交やビジネス交渉などを行っても太刀打ちはできず、いいように手玉にとられてしまうし、現に取られてしまっている。

官僚採用を根本的に改める時期にきているとともに、経済界や教育界はむしろ宇宙や軍事のハイテクノロジーに目を向ける必要がある。日本人は官から規制を受けない自由な発想と技術を生かして、力を発揮するべき時にきている。

実は〝創指決〟パワー型の人間は、民間企業の幹部にもいるし、自衛官、警察官、海上保安官、消防官などの幹部にも多くいる。彼らの外交官採用を阻害しているのは〝記理判〟的ペーパーテストであり、自衛官についていえば軍事アレルギーである。

日本の繁栄と世界平和のためにも、外交官試験と軍事アレルギーを根本から改める時期にきている。

## 参考文献

エドワード・ギボン、中野好夫訳、『ローマ帝国衰亡史』、筑摩書房、一九七六年十一月
ジェレミー・ブラック、『世界史アトラス』、集英社、二〇〇一年七月
ロン・E・アシャー、土田滋訳、『世界民族言語地図』、東洋書林、二〇〇〇年六月
金完燮、荒木和博訳、『親日派のための弁明』、草思社、二〇〇二年七月
杉山正明、『遊牧民から見た世界史』、日本経済新聞社、二〇〇三年一月
F・W・ラストマン、朝倉和子訳、『CIA株式会社』、毎日新聞社、二〇〇三年一月
池上金男、『幻の関東軍解体計画』、祥伝社、一九八九年四月
黄文雄、『満州国の遺産』、光文社、二〇〇一年七月
菅原裕、『東京裁判の正体』、国書刊行会、一九六二年六月
外山三郎、『大東亜戦争と戦史の教訓』、原書房、一九七八年八月
岡部朗一、『異文化コミュニケーション』、有斐閣、一九九〇年三月
池宮彰一郎、『事変』、新潮社、一九九五年七月

杉山徹宗、『中国4000年の真実』、祥伝社、一九九九年六月
杉山徹宗、『軍事帝国中国の最終目的』、祥伝社、二〇〇一年八月
ロバート・B・スティネット、妹尾作太男訳、『真珠湾の真実』、文芸春秋、二〇〇一年六月
宮崎市定、『日出づる国と日暮るる処』、中央公論社、一九九七年五月
平間洋一、『日英同盟』、PHP研究所、二〇〇〇年五月
大江一道、『世界近現代史—I、II、III』、山川出版社、一九九一年七月
湯浅赳男、『世界地図で読む五大帝国の興亡』、日本文芸社、二〇〇一年十二月
色摩力夫、『国際連合という神話』、PHP研究所、二〇〇一年九月
杉山徹宗他、『最新・国際政治関係論』、鷹書房弓プレス、二〇〇〇年十二月
杉山徹宗、『大国の外交戦略史』、鷹書房弓プレス、一九九八年十二月
外務省戦後外交史研究会、『日本外交30年』、世界の動き社、一九八二年十一月
ジョン・オローリン、滝川義人訳、『地政学事典』、東洋書林、二〇〇〇年十月
ポール・ケネディ、鈴木主税訳、『大国の興亡　上下』、草思社、一九八八年八月
H・O・ヤードレー、近現代史編纂会編、平塚柾緒訳、『ブラック・チェンバー』、荒地出版社、一九九九年一月
日比野丈夫、『世界史年表』、河出書房新社、一九七三年五月

樋口清之、『梅干と日本刀』、祥伝社、二〇〇〇年二月
和辻哲郎、『風土』、岩波書店、一九七九年五月
杉山徹宗、『英米の興亡と日本の戦略』、鷹書房弓プレス、一九九三年四月
日本イスラム協会、『イスラム事典』、平凡社、一九八二年三月
杉山徹宗、『超大国アメリカ』、鷹書房弓プレス、一九九〇年十一月
太田弘毅、『蒙古襲来』、錦正社、一九九五年一月
杉本苑子、『雪中松梅図』、集英社、一九八五年十月
日本外交史辞典編纂委員会、『日本外交史辞典』、山川出版社、一九九二年六月
京大日本史辞典編纂会、『日本史辞典』、東京創元社、一九九一年六月
京大西洋史辞典編纂会、『西洋史辞典』、東京創元社、一九八五年三月
京大東洋史辞典編纂会、『東洋史辞典』、東京創元社、一九八三年三月
布井敬次郎、『米国における出入国及び国籍法』、有斐閣、一九八四年十一月
EDWIN O. REISCHAUER, "THE JAPANESE", HARVARD UNIVERSITY PRESS, Cambridge, Massachusetts, U.S.A.
http://www.enn.com/news/enn-stories/1999/02/021699/health.asp
Kinder and Hilgemann, "ATLAS OF WORLD HISTORY, Volume I, II", Anchor Books,

New York, 1978

E.H.Archabald, "The Fighting ship of the Royal Navy", Military Press, New York,1990

**杉山徹宗**

1942年、東京都に生まれる。1965年、慶応義塾大学法学部を卒業、米国ウィスコンシン州立大学・大学院修士課程修了。カリフォルニア州立大学講師(在米12年)を経て、明海大学不動産学部教授。海上自衛隊幹部学校、陸上自衛隊幹部学校講師。(財)ディフェンス リサーチ センター研究員。米国ヴァンダービルト大学客員研究員。専門は国際関係論、比較防衛学、外交史。

著書には『英米の興亡と日本の戦略』『超大国アメリカ』(以上、鷹書房)、『侵略と戦慄・中国4000年の真実』『軍事帝国・中国の最終目的』(以上、祥伝社)、『「強い日本」を創る骨太の処方箋』(日本文芸社)などがある。

講談社+α《プラスアルファ》新書 202-1 C

**稲作民外交《いなさくみんがいこう》と遊牧民外交《ゆうぼくみんがいこう》**
日本外交が翻弄される理由

**杉山徹宗《すぎやまかつみ》** 

**2004年5月20日第1刷発行**

発行者——— 野間佐和子
発行所——— 株式会社 講談社
東京都文京区音羽2-12-21 〒112-8001
電話 出版部(03)5395-3532
販売部(03)5395-5817
業務部(03)5395-3615
装画——— 鈴木一朗
デザイン——— 鈴木成一デザイン室
カバー印刷——— 共同印刷株式会社
印刷——— 近代美術株式会社
製本——— 株式会社国宝社

落丁本・乱丁本は購入書店名を明記のうえ、小社書籍業務部あてにお送りください。

送料は小社負担にてお取り替えします。

なお、この本の内容についてのお問い合わせは生活文化第四出版部あてにお願いいたします。

Printed in Japan ISBN4-06-272257-7 定価はカバーに表示してあります。

講談社+α新書

**LD(学習障害)とADHD(注意欠陥多動性障害)**　上野一彦
「LD児」は「障害者」なのか？　「個性的な人」として自立させるための真の教育を考える
780円 157-1 B

**サムライたちのプロ野球**　すぐに面白くなる7つの条件　豊田泰光
大リーグより面白い「最強のプロ野球」はすぐにでも甦る!!　ナベツネ、広岡、長嶋も斬る！
780円 158-1 C

**弱さを強さに変えるセルフコーチング**　辻秀一
スポーツ医学の専門医が解き明かす、57の弱点克服法。単純明快！　弱い人ほど強くなれる!!
780円 159-1 C

**一流建築家の知恵袋　マンションの価値107**　碓井民朗
価値が落ちない家はキッチン、トイレのつくりでわかる!!　ベテラン設計士がポイントを解説
880円 160-1 D

**日記力《にっきりょく》『日記』を書く生活のすすめ**　阿久悠
『日記』は自分にとって最高のメディアだ!!　23年間一日も欠かさない日記の鬼からの提言！
780円 161-1 C

**LD《学習障害》・ADHD《注意欠陥多動性障害》は病気なのか？**　金澤治
あいまいな診断基準で、個性が「脳の病気」とされてしまう。本当の診断法から治療法まで！
880円 162-1 B

**異文化間コミュニケーションの技術**　日米欧の言語表現　鈴木寛次
心と表現のギャップ、英語同士でも誤解や混乱を招く表現を具体例で紹介。真の意思疎通を！
780円 163-1 C

**50歳からの定年予備校**　田中真澄
お金と肩書はなくても、生きがいのある人生後半の設計図は描ける。団塊の世代必読の書!!
880円 164-1 C

**日本の名河川を歩く**　天野礼子
天然アユが遡上《そじょう》する河川は数少ない。水質、川漁、カヌー、景観等の要素から名河川を厳選!!
880円 165-1 C

**ファンタジービジネスのしかけかた**　あのハリー・ポッターがなぜ売れた　野上暁　グループ$M^3$
ハリポタを大ヒットさせた強《したた》かな戦略を探り出し、ファンタジービジネスの可能性を検証する
880円 166-1 C

**生命《いのち》のバカ力《ぢから》**　人の遺伝子は97％眠っている　村上和雄
科学が証明した、人間が不可能を可能にする隠された力！　それを引きだす9の方法を示す！
880円 167-1 C

表示価格はすべて本体価格（税別）です。本体価格は変更することがあります

## 講談社+α新書

**蕎麦《そば》の蘊蓄《うんちく》** 五味を超える美味しさの条件
太野祺郎
全国1500店以上を食べ歩いた"蕎麦食い"だから言える本当に旨い蕎麦。店名リスト付き
780円 168-1 D

**40歳からの家庭漢方** 体に効く食べ物・ツボ・市販薬
根本幸夫
日常よくある"ちょっとヘン"な症状や危険シグナルを早期解決!! ダイエット・美肌効果も
840円 169-1 B

**最古参将棋記者 高みの見物**
田辺忠幸
現役最古参、七大タイトル戦など、観戦記者歴五十年の著者だから書けた将棋界の秘話実話
840円 170-1 D

**汚職・贈収賄** その捜査の実態
河上和雄
意外に知らない汚職事件の捜査や公判の実態! 元東京地検特捜部長が明かす、その真実の姿
880円 171-1 C

**親鸞と暗闇をやぶる力** 宗教という生きる知恵
上田紀行 高史明 芹沢俊介
苦悩や生きづらさを大逆転! 親鸞の教えに癒され、励まされる。「生きる力」がつく本!
800円 172-1 A

**大阪あほ文化学** オモロイヤツがエライ!!
読売新聞大阪本社
アホになりきれる強さが、ほんものの文化を創る!! なぜ大阪がパワフルなのかがわかる一冊
780円 173-1 C

**フグが食いたい!** 死ぬほどうまい至福の食べ方
塩田丸男
フグは日本人の食の頂点。究極の美味をめぐるうんちく満載、フグ屋へ行く前に必ず読む本!
880円 174-1 B

**「幸せ脳」は自分でつくる** 脳は死ぬまで成長する
久恒辰博
世界的大発見!! 誰でもいつでも脳を賢くできる!! 世界一幸せになれる10の科学的メソッド
780円 175-1 B

**患者第一 最高の治療** 患者の権利の守り方
岡本左和子
自分の健康と命、本当に医者任せでいいのか? 全米最良病院に学ぶ患者本位の医療の受け方!
780円 176-1 B

**100年住める家のつくり方** 住宅の価値は「安心」にある
中田清兵衛
間取り、災害被害の防止、防犯、欠陥保障、100年住宅。住まいの安心はこの5つで決まる
800円 177-1 D

**「テロ」は日本でも確実に起きる** 核・生物・化学兵器から身を守る法
井上忠雄
北朝鮮の核、アルカイダのテロ!! 現実化する脅威にどう対処する!? 緊急事態発生前に必読
800円 178-1 C

表示価格はすべて本体価格(税別)です。本体価格は変更することがあります

講談社+α新書

悪の三国志　スターリン・毛沢東・金日成
茅沢　勤
中露極秘資料が解き明かす、朝鮮戦争を舞台にした〝悪の三巨頭〟の虚々実々の駆け引きとは⁉
876円 201-1 C

稲作民外交と遊牧民外交　日本外交が翻弄される理由
杉山徹宗
なぜ日本は大陸国家に手玉にとられるのか！日本外交の対応の悪さを、民族資質で比較分析
876円 202-1 C

母子密着と育児障害
田中喜美子
手をかけすぎの育児の常識が子どもの「生きる力」を奪っている‼〝豊かな時代〟の子育て論
838円 203-1 B

40歳からの「太らない食事力」　健康寿命ののばし方
宗像伸子
平均寿命まで健康な人は一四・五％。健康寿命がどんどんのびる減塩・減量の正しい食事法！
800円 204-1 B

表示価格はすべて本体価格（税別）です。本体価格は変更することがあります